中国社会科学院创新工程学术出版资助项目

国家社科基金重大特别委托项目

西南边疆历史与现状综合研究项目·档案文献系列

民国时期西南边疆档案资料汇编

云南卷目录总集·图文精粹

云南省档案馆◎编

社会科学文献出版社
SOCIAL SCIENCES ACADEMIC PRESS (CHINA)

图书在版编目（CIP）数据

民国时期西南边疆档案资料汇编．云南卷目录总集：图文精粹／云南省档案馆编．—北京：社会科学文献出版社，2013.10
（西南边疆历史与现状综合研究项目·档案文献系列）
ISBN 978-7-5097-4739-1

Ⅰ．①民…　Ⅱ．①云…　Ⅲ．①边疆地区-历史档案-档案资料-汇编-云南省-民国　Ⅳ．①K297

中国版本图书馆 CIP 数据核字（2013）第 128065 号

西南边疆历史与现状综合研究项目·档案文献系列
民国时期西南边疆档案资料汇编　云南卷目录总集·图文精粹

编　　者／云南省档案馆

出 版 人／谢寿光
出 版 者／社会科学文献出版社
地　　址／北京市西城区北三环中路甲 29 号院 3 号楼华龙大厦
邮政编码／100029

责任部门／人文分社（010）59367215　　责任编辑／黄　丹
电子信箱／renwen@ssap.cn　　责任校对／宋淑洁
项目统筹／宋月华　黄　丹　　责任印制／岳　阳
经　　销／社会科学文献出版社市场营销中心（010）59367081　59367089
读者服务／读者服务中心（010）59367028

印　　装／北京京华虎彩印刷有限公司
开　　本／787mm×1092mm　1/16　　印　　张／33.25
版　　次／2013 年 10 月第 1 版　　幅　　数／532
印　　次／2013 年 10 月第 1 次印刷
书　　号／ISBN 978-7-5097-4739-1
定　　价／880.00 元

『西南边疆历史与现状综合研究项目·档案文献系列』

编委会

云南卷编委会

总序

『西南边疆历史与现状综合研究项目』（以下简称『西南边疆项目』）为国家社科基金重大特别委托项目，由全国哲学社会科学规划办公室委托中国社会科学院科研局组织管理。『西南边疆项目』设『西南边疆历史与现状综合研究项目·研究系列』和『西南边疆历史与现状综合研究项目·档案文献系列』（以下简称『西南边疆档案文献系列』），对课题中优秀者分别列入上述系列予以出版。

档案文献是学术研究赖以进行、得以深化的基础，研究工作如无包括档案文献在内的资料的支撑就如无源之水，如无新资料的发现和补充，学术研究想要有所创新也将可欲而不可求。因此，包括档案文献在内的新资料的系统发掘与整理，实乃深化研究的第一要务。诚如当代著名历史学家戴逸教授所言：『编史要务，首在采集史料，广搜确证，以为依据，必借此史料，乃能窥见历史陈迹。故史料为历史研究之基础，研究者必须积累大量史料，勤于梳理，善于分析，去粗取精，去伪存真，由此及彼，由表及里，进行科学之抽象，上升为理性之认识，才能洞察过去，认识历史规律。史料之于历史研究，犹如水之于鱼，空气之于鸟，水涸则鱼逝，气盈则鸟飞。历史科学之辉煌殿堂必须岿然耸立于丰富、确凿、可靠之史料基础上，不能构建于虚无缥缈之中。』

西南边疆研究课题涵盖面很广，其中包括从古至今历代政府对西南边疆治理、西南区域地方史与民族史等内容，也包括西南边疆地区与内地、与境外区域的政治、经济、文化关系史研究，还涉及古代中国疆域理论、中国边疆学等研究领域，同时与当代西南边疆面临的理论和实践问题密切相关。面对如此众多的研究内容，而西南边疆有关的档案文献尚存在多与散，疏于整理的现状，收集整理任务十分繁重。『西南边疆项目』专家委员会在项目启动之始即决定着手组织对云南、广西两省区民国时期的档案进行整理，同时又对云南、广西历代文献进行有选择的整理、汇编，以及口述史料的收集，形成了一批具有较高学术质量的档案文献资料整理成果，并成为『西南边疆档案文献系列』的选题。我们期待

『西南边疆档案文献系列』成果的面世，能为西南边疆学术研究深化提供新的、有价值的第一手资料。

自二〇〇八年正式启动以来，中国社会科学院党组高度重视『西南边疆项目』的组织工作，中国社会科学院原副院长、『西南边疆项目』领导小组组长江蓝生同志对项目的有序开展一直给予悉心指导。项目实施过程中，还得到中共中央宣传部、全国哲学社会科学规划办公室、云南省委宣传部、广西壮族自治区党委宣传部、云南省哲学社会科学规划办公室、广西壮族自治区哲学社会科学规划办公室，以及云南、广西两省区档案局（馆）、高校和科研机构领导、专家学者的大力支持与参与，在此一并深表敬意和谢意。

『西南边疆档案文献系列』由社会科学文献出版社出版，社会科学文献出版社领导对社会科学研究事业的大力支持，编辑人员严谨求实的工作作风，一贯为学人称道，值此『西南边疆档案文献系列』付梓面世之际，谨致以由衷的谢意。

『西南边疆档案文献系列』编委会

二〇一三年五月

出版说明

《民国时期西南边疆档案资料汇编·云南卷》（以下称《云南卷》），是国家社科基金重大特别委托项目『西南边疆历史与现状综合研究项目·档案文献系列』的成果之一。《云南卷》共辑录民国时期云南省政府秘书处、省民政厅、省建设厅、省教育厅，以及各行政公署、县、设治局等机构的档案文献一千两百余份，内容有：一九一二年至一九四九年间云南省政府及各行政专员公署、县政府、设治局、殖边局、行政委员的年度和专项工作计划、工作报告、调查报告；各级党政军机关官员往来信函；云南全省及各县（局）人口、田赋粮食调查统计，民俗、宗教调查，各类学校及在校学生统计；农林良种推广、畜种改良、烟草及蚕桑种植推广、农业水利设施建设；道路、桥梁、市镇建设等文件资料。《云南卷》共分为八十卷编辑出版，为方便读者解读这批档案文献，专门编辑一卷《民国时期西南边疆档案资料汇编·云南卷》之目录集成及图文精粹。

《云南卷目录总集·图文精粹》一是把八十卷各卷档案文献目录集成，集中展示这批档案的内容特征，为阅读者提供索引；二是用原色影印方式选取部分档案文献，保持档案纸张、笔迹、印章等文献的原貌，从形式特征方面鉴赏历史文献。本卷选取的文献有云南省政府、行政公署、县政府、设治局的各类公文，有地方官员拟写的信函等。

目录

目录总集

图文精粹

目录总集

第一卷至第八十卷目录

第一卷

第二卷

第三卷

第四卷

二　车里县政府民国三十二年度施政计划及分期进度表［1943.4］

三　大姚、禄丰、富民县政府为民国三十三年度工作计划、审核表、分期进度表呈云南省民政厅［1944］

四　云南省民政厅令准牟定县政府民国三十二年度民政事项施政计划并分期进度表备查（1944.3.16）

五　云南省民政厅令准盐丰县政府民国三十二年度工作计划备查（1944.3.30）

六　云南省民政厅为据车里县政府呈报三十三年度工作计划及审核表、分期进度表案指令遵照（1944.4.3）

七　永仁县政府三十三年度工作计划审核表（1944.6.27）

八　盐丰县政府三十三年度工作计划（1944.7.20）

九　车里县政府为补拟『民国三十三年度民政工作计划』呈省民政厅（1944.9.15）

一〇　大姚县政府为民政部分积谷工作计划呈省民政厅（1944.11.4）

一一　车里县政府呈报『车里县民国三十四年度边疆工作计划』［1945.2］

一二　车里县政府依省民政厅边疆行政计划参照当地实际情形拟定县一年施政计划（1945.9.14）

一三　云南省民政厅为据大姚县政府呈报民国三十四年度工作计划的指令（1946.1.8）

一四　云南省民政厅为呈请检发福贡设治局民国三十七年工作计划的指令（1948.10.26）

一五　云南省民政厅为据永仁县政府呈报民国三十七年度施政计划的指令（1948.10.30）

一六　车里县政府编拟『车里县移民计划书』（1949.6.1）

第五卷

第六卷

第七卷

四　呈贡县政府呈报『民国三十三年度工作计划、民政工作计划』及省民政厅指令复文（1944.5.22）

五　昆明市政府为『民国三十三年度民政工作计划审核表』呈报省民政厅（1944.7.7）

六　昆阳县政府为『民国三十三年度地方行政干部训练所工作计划书』呈省民政厅（1944.10.28）

七　云南省民政厅为据昆明市政府呈报『民国三十四年度工作计划』的指令（1945.12.13）

八　昆阳县政府民国三十四年度县政工作报告书（1946.1.11）

第八卷

一　鹤庆县政府民国三十二年度民政施政计划、财务行政计划、国民教育实施计划、建设中心工作施政计划、户政推进工作计划、粮政施政计划（1942.1.1）

二　蒙自县政府呈报『民国三十三年度工作计划及计划审查表』（1943.12.29）

三　鹤庆县政府呈报『民国三十二年度工作计划』请省民政厅鉴核（1944.1.30）

四　云南省民政厅令准晋宁县民国三十二年度工作计划备查（1944.3.31）

五　寻甸县政府为民国三十三年度民政工作计划、审核表、分期进度表呈省民政厅（1944.5.29）

六　鹤庆县政府呈报『民国三十三年度工作计划分期进度』和省民政厅的指令（1944.6.2）

七　永平县政府呈报民国三十三年度民政工作计划（1944.6.25）

八　蒙自县政府民国三十四年度工作计划表［1945］

九　云南省民政厅为据永平县呈报『民国三十四年度工作计划』的指令（1945.11.29）

第九卷

第十卷

第十一卷

第十二卷

第十三卷

第十四卷

第十五卷

第十六卷

第十七卷

第十八卷

第十九卷

三　沾益县政府呈报『民国三十二年度行政计划』及省民政厅各科室的批示（1943.10.7）

四　易门县政府呈报『民国三十二年度施政计划』及省民政厅各科室的批示（1943.11.9）

五　通海县政府呈送『民国三十二年度施政计划』请省民政厅核转（1943.12.30）

六　河西县民政科呈送『民国三十二年度户籍行政计划』请省民政厅核转（1944.1.10）

七　罗平县政府呈报『民国三十三年度工作计划及计划审查表』（1944.2.10）

八　河西县政府呈报『民国三十三年度工作计划及计划审核表』（1944.2.25）

九　宣威县政府民国三十二年度行政计划清册（1944.2.28）

一〇　新平县政府民国三十二年度施政计划（1944.2.28）

一一　宣威县政府呈报『民国三十二年度施政计划』未报原因及省民政厅据此的指令（1944.3.16）

一二　云南省民政厅为据易门县政府呈报『民国三十三年度工作计划』的指令（1944.4.30）

一三　云南省民政厅为据华宁县政府呈报『民国三十三年度工作计划、民政部分进度表』的指令（1944.6.2）

一四　云南省民政厅为据澄江、绥江县政府呈报『民国三十三年度工作计划及审核表』一案指令（1944.11.22）

一五　通海县政府民国三十三年度工作计划审核表（1944.10.21）

一六　峨山县县长工作报告［1945］

一七　云南省民政厅为据通海县呈报『民国三十四年度工作计划』的指令（1945.11.29）

一八　沾益县政府民国三十四年度工作报告［1946］

第二十卷

第二十一卷

二　云南省政府训令省民政厅会同各厅局审核『第五区行政专署民国三十三年工作计划』（1944.4.7）

三　云南省政府训令省民政厅会同各厅局审核『第二区行政专署民国三十三年工作计划』（1944.4.11）

第二十二卷

一　云南省第五区行政督察专员公署『民国三十四年度工作计划』（1945.6.7）

二　云南省政府为据省民政厅呈转富宁县、蒙自县、泸水设治局、广通县、昌宁县五属『民国三十四年度工作计划及民政部分审核意见』一案指令知照（1945.11.3）

三　云南省政府为据省民政厅呈转宣威县、泸水设治局、邓川县、漾濞县四属及第二区、第七区专员公署『民国三十四年度工作计划』暨审核情形一案指令知照（1945.12.20）

四　云南省民政厅呈转建水县、思茅县、易门县『民国三十四年度民政部分工作计划』及审核意见请省政府备案（1946.1.22）

五　云南省民政厅呈转龙陵、六顺、呈贡、丽江、维西等县及第一区行政督察专署『民国三十四年度民政部分工作计划』及审核意见请省政府备案（1946.1.22）

第二十三卷

一　云南省民政厅呈转开远县、曲溪县、峨山县『民国三十四年度民政部分工作计划』及审核表请省政府备案（1946.1.22）

二　云南省民政厅呈转广南县、平彝县、江川县、双江县、蒙化县『民国三十四年度民政部分工作计划』及审核意见请省政府备案（1946.1.22）

第二十四卷

第二十五卷

一〇　丽江县政府呈报『三年建设计划方案』（1947.1.31）

一一　德钦设治局代电云南省民政厅呈报『德钦设治局三年建设计划』（1947.6.17）

一二　云南省民政厅为据莲山、砚山、凤仪县政府呈报『民国三十六年度施政计划』一案指令遵照［1947.9］

一三　云南省民政厅为据丽江县呈报『民国三十七年度施政计划』一案指令遵照（1948.7.6）

一四　云南省建设厅、省地政局为核办『改进腾龙边区意见书』一案情形呈省政府（1948.7.29）

一五　中甸县政府呈报『一年来施政概况及改进意见书』（1948.7.30）

第二十六卷

一　保山县政府民国三十二年度施政计划［1943］

二　昌宁县政府民国三十二年度施政计划［1943］

三　云南省民政厅为『昌宁县政府民国三十二年度施政计划』批示（1943.2.22）

四　弥渡县政府民国三十三年度工作计划报告及计划审查表（1944.8.12）

五　云南省民政厅为据云龙县政府呈报『民国三十三年度工作计划』一案指令遵照（1944.2.23）

六　云南省民政厅为据云龙县政府呈报『民国三十二年度工作计划』无法遵办情形的指令（1944.3.15）

七　保山县政府呈报『民国三十三年工作计划审核表』『民政工作计划』及省民政厅指令（1944.5.30）

八　邓川县政府民国三十三年度工作计划（1944.7.3）

九　昌宁县政府呈报『民国三十三年度施政工作计划』（1944.8.20）

第二十七卷

第二十八卷

第二十九卷

一　云南民政长训令滇中观察使周钟岳大总统令：安民之道察吏为先（1913.11.3）

二　云南省政府民国三十一年政绩比较表［1942］

三　云南省政府民国三十二年度工作报告［1943–1944］

四　云南省政府设计考核委员会编『云南省政府民国三十五年度政绩比较表』［1946］

五　云南省政府民国三十六年度实施新县制方案［1946.1］

第三十卷

一　云南省政府民国三十五年、三十六年政绩比较表［1947］

二　云南省政府民国三十四年十二月至三十六年七月政府工作报告表［1947］

三　云南省政府民国三十六年度中心工作成绩统计表［1947］

四　云南省政府设计考核委员会编『民国三十六年一至六月份云南省政府工作报告』［1947.7］

五　云南省政府民国三十六年度一至六月份工作报告（民政部分）［1947.7］

第三十一卷

一　云南省民政厅令嵩明县、沾益县、平彝县、马龙县、曲靖县、宣威县等上报施政报告［1926.10］

二　云南省政府主席龙云为第二殖边督办杨益谦、龙陵县长邱天培谨呈民人武习经『条陈整理边地意见书』一案分别训令省建设厅（1934.7.17–1934.8.30）

第三十二卷

七　云南省政府令准省建设厅呈报『民国三十一年度三月份工作报告汇编』（1942.9.7）

八　盈江设治局代局长曹昭明呈报『盈江设治局一般情况及今后推进工作计划之手折』（1945.8.1）

九　云南省民政厅为据潞西设治局呈报『民国三十四年度工作计划』指令（1945.12.13）

一〇　云南省建设厅审核蒙自县政府『民国三十三年度施政计划』［1946］

一一　莲山设治局民国三十四年度工作报告书（1946.2.23）

一二　潞西设治局奉令编报『县政工作三年建设计划』呈云南省民政厅（1947.1.3）

一三　云南省民政厅为据莲山设治局呈报『民国三十六年度施政计划』的指令（1947.6.28）

一四　云南省民政厅为据莲山设治局呈报『民国三十七年度施政计划』的指令（1948.6.3）

第三十三卷

一　云南省政府令准省建设厅呈『民国三十一年度六至九月份工作报告汇编』［1942］

二　云南省政府令准省建设厅呈报『民国三十一年十至十二月份工作报告汇编』［1943］

第三十四卷

一　云南省第四区督导员易忠孝呈『云南省实施新县制第四区各县特殊工作报告书』（1942.2.8）

二　云南省民政厅代电通饬各属一星期内编造三十二年度施政计划以凭汇转（1942.10.21）

三　云南省民政厅民国三十四年度一至六月份保甲户口工作报告［1945.10］

四　云南省民政厅民国三十二年度十至十二月份保甲户口工作报告（1944.2.12）

第三十五卷

第三十六卷

六　卸云南省民政厅厅长陆崇仁造报『民国三十三年任内收支详细数目清册』[1945]

七　云南省民政厅民国三十四年一至六月份工作报告（1945.1.3）

八　云南省民政厅呈请省政府补发『战时各机关年度工作计划编审办法』及『民国三十四年度国家施政方针』（1945.1.12）

九　云南省民政厅户政工作报告书（1945.2.1）

一〇　云南省民政厅边疆行政设计委员会民国三十三年度全年工作报告及个人工作报告（1945.2.9）

一一　云南省民政厅为违禁烟土膏灰与伪土及烟具接收情形呈省政府（1945.2.14）

一二　云南省建设厅分层负责办事细则（1945.3.12）

一三　云南省民政厅编『民国三十三年一至六月份工作报告』呈请省政府鉴核示遵（1945.3.17）

第三十七卷

一　云南省政府为奉行政院令改季报为半年报并将年终一次报告以年度政绩比较表代替案训令省民政厅（1945.3.9）

二　云南省民政厅第六科全科人员工作报告、股办事细则草案及个人工作总结（1945.3.13）

三　云南省政府指令省民政厅迅将民国三十三年度七至十二月份工作报告呈报（1945.4.19）

四　云南省民政厅编报『民国三十三年度七至十二月份工作报告』（1945.8.14）

五　云南省民政厅为卸任厅长陆崇仁移交制药所什物案准咨查照（1945.10.1）

六　卸任云南省民政厅厅长陆崇仁咨交任内收获零星烟案细数清册（1945.10.1）

七　卸任云南省民政厅厅长陆崇仁造报任内禁烟专款收支详细数目清册（1945.10.8）

第三十八卷

七　云南省民政厅卸任厅长李宗黄咨交各机关解缴烟土数目四柱清册（1946.3.31）

八　云南省民政厅为查明烟土膏灰不敷情形咨卸任厅长陆崇仁（1946.4.3）

九　云南省民政厅民国三十五年度工作计划（1946.4.8）

一〇　云南省民政厅呈报民国三十四年上半年工作报告（1946.4.19）

一一　云南省政府为接收陆崇仁任内禁烟专款及烟土膏灰伪土案指令省民政厅（1946.4.30）

一二　清华大学国情普查研究所编云南省呈贡县、昆阳县户籍及人事登记初步报告（1946.8.1）

第三十九卷

一　云南省政府民国三十六年度工作报告（一至六月份民政部分）［1946.7］

二　云南省政府为呈报简要工作报告事训令省民政厅（1946.8.10）

三　云南省建设厅施政报告［1946.9］

四　云南省建设厅为曲靖县政府呈报县政会议记录事公函省民政厅并呈省政府（1946.9.20）

五　云南省民政厅函送施政报告书请云南省参议会查收（1946.9.30）

六　云南省民政厅施政报告（民国三十五年十月至三十六年三月）［1947］

七　云南省民政厅编报『云南省政府民国三十五年度工作报告（一至六月份民政部分）』（1946.10.8）

八　云南省民政厅审核呈贡等县民国三十五年度工作报告（1946.11.14）

第四十卷

一　云南省政府设计考核委员会编印『云南省政府民国三十六年度政绩比较表』［1947］

二　云南省政府民国三十六年度（一至六月份）工作报告（吏治与人事）［1947］

三　云南省政府准省参议会咨为省民政厅函送施政报告经加具意见嘱查照一案训令省民政厅并案核办（1947.1.14）

四　云南省政府为据省教育厅呈报『抗战期中云南之教育与文化概况』令准予汇办（1947.5.27）

五　云南省政府为据省社会处呈报『中日战争地方抗战史实』令准予汇办（1947.5.31）

六　云南省政府为据省建设厅呈送『抗战期中行政史实建设部分稿』令准予汇办（1947.5.31）

七　云南第六区行政督察专员公署为办理治安、禁烟、救济等情函省民政厅（1947.9.18）

八　云南省社会处工作报告（1947.10.30）

九　云南省民政厅丙种考绩表（民国三十六年度）（1947.12.1）

一〇　云南省政府民国三十七年度工作计划（民政部分）［1948］

第四十一卷

一　云南省政府民国三十五年度工作报告（七至十二月份民政部分）（1947.2.17）

二　云南省政府『民国三十五年七至十二月份工作计划及工作进度对照表』［1947］

三　云南省民政厅民国三十五年度工作检讨报告［1947］

四　云南省民政厅民国三十五年度工作报告［1947］

五　云南省社会处编报『抗战期中之云南社会行政』（1947.2.24）

六　云南省政府为省卫生处呈送『抗战时期卫生行政史实』指令准予汇转（1947.4.26）

七　云南省政府为卸任省民政厅厅长张邦翰呈复接收李任移交烟土情形的训令（1947.4.28）

八　云南省第六区行政督察专员公署为饬所属各县长、设治局长革除恶习，努力加强行政效率情形呈省政府（1947.5.15）

第四十二卷

一　云南省民政厅施政报告（民国三十六年十一月至三十七年四月）［1948.4］

二　云南省政府民国三十八年度工作计划（民政部分）［1948］

三　云南省政府为遵照省参议会加具意见之施政报告办理各案令饬省建设厅（1948.6.14）

四　云南省政府准省建设厅呈报答复省参议会建议改进工作意见一案（1948.2.24）

五　云南省政府为催报修改补充之民国三十七年度下半年工作计划一案训令省民政厅（1948.6.25）

六　云南省民政厅呈『云南省政府民国三十七年度上半年工作报告（民政部分）』（1948.7.31）

七　云南省政府为就第十二区专员拟具边政意见一案令省建设厅（1948.10.13）

八　云南省政府为限期编报民国三十七年度下半年施禁报告一案训令省民政厅（1948.12.1）

九　云南省政府为行政院送『考察云南省政府二十九年度政务报告』一案令省赈济委员会［1940］

第四十三卷

第四十四卷

四　李志鋆——调查及研究云南省各县县级行政机构情形［1944.11］

五　云南省民政厅呈报第三回国民政府年鉴稿（1945.1.26）

六　云南省民政厅呈报民国三十五年度国民政府年鉴资料稿（1946.4.11）

七　宋硕甫——迤南澜沧县现状及其改进意见［1944］

八　云龙县、邱北县、云县呈报省民政厅『民国三十六年至民国三十八年三年建设计划』［1947］

九　云南省民政厅呈报民国三十六年度国民政府年鉴资料稿（1947.5.12）

一〇　国立湖南大学学生方建鼎拟『设立中缅边区卡拉山区特派员行政公署意见书』（1948.12.9）

第四十五卷

一　潞西设治局为地方自治及仓储积谷等案呈云南省民政厅（1933.10.27）

二　潞西设治局为办理地方自治情形呈云南省政府（1934.4.24）

三　弥渡县政府工作报告书［1940.8］

四　云南省民政厅核办龙陵县政府呈报『民国三十二年一月至四月工作报告』情形（1943.4.26）

五　宾川县政府行政工作概况报告书（民国三十三年一月至五月）（1944.6.26）

六　云南省第六区行政督察专员公署呈报『龙陵县民国三十二年度一月至四月工作报告表』（1943.5）

七　云南省财政厅、建设厅、民政厅训令龙陵县政府更正『民国三十二年一至六月工作报告』（1943.10.4）

第四十六卷

第四十七卷

第四十八卷

三　云南省政府为腾龙边区行政监督龙纯武检举莲山设治局长龚绶不法等情一案的训令（1941.12.24）

四　云南省民政厅为镇沅县函呈办理禁烟、催送军米等情的指令（1944.2.18）

五　云南省民政厅为据大姚县政府呈报『民国三十二年度各月份施政报告』指令准予备案并呈请云南省政府备查（1944.2.25）

六　第六区督导员芮仁钦为督导罗茨县情形呈省民政厅（1944.5.16）

七　大姚县政府民国三十三年度一至六月施政报告及军事科一至三月份工作实施报告（1944.10.2）

八　大姚县政府呈报省民政厅『民国三十三年度七至九月份民政军事两项工作报告及漏报四至六月份工作报告』（1944.12.19）

九　云南省民政厅为据大姚县政府呈报『民国三十三年度一至六月份民政军事工作报告书』一案指令（1944.12.22）

一〇　云南省民政厅为据大姚县政府呈报『民国三十三年度十至十二月份民政军事工作报告书』一案指令（1945.5.1）

一一　云南省政府为据第六区专员公署呈报『第二次视察腾龙报告书』一案的指令（1945.10.1）

一二　云南省民政厅为据大姚县政府呈报『民国三十四年度一至六月份民政工作报告』一案指令（1945.10.6）

一三　盐丰县政府民国三十四年度政务工作报告书［1946.2］

一四　云南省民政厅为据大姚县政府呈报『民国三十四年度七至九月份民政工作报告』一案指令（1946.3.6）

一五　云南省建设厅为顺宁县呈报民国三十五年度一至六月建设中心工作报表一案指令县长张问德（1946.9.28）

一六　武定县政府民国三十五年度工作报告书（1946.10.8）

一七　武定县政府呈报『第一次扩大县政会议纪录』及云南省民政厅据此的指令（1946.12.20）

一八　禄丰县政工作实施概况（1947.11.28）

第四十九卷

一　阿墩行政委员杨穆之呈报接收各卷宗及器物清册（1914.9.23）

二　永宁行政委员段象谦呈报接收各项清册（1914.10.16）

三　阿墩行政委员杨穆之呈报接收各项清册（1914.11.7）

四　云南巡按使署为维西县菖蒲桶行政委员沈承祜接收情形一案批示准予备案（1914.12.22）

五　云南省民政厅为泸水设治局推行自治方案情形的指令（1932.8）

六　知子罗设治局局长为奉到乡镇坊自治职员选举及罢免法施行细则等情呈省民政厅（1933.1.8）

七　贡山设治局民国二十一年至民国二十二年四次会议记录（1933.12.13）

八　云南省民政厅政务督导员甘薅填报『泸水设治局督导报告表』（1943.12.21）

九　云南省民政厅政务督导员陶从礼填报『兰坪县督导报告表』（1944.3.10）

一〇　云南省民政厅政务督导员文政填报『福贡设治局督导报告表』（1944.4.1）

一一　维西县政府呈报『云南省第七行政督察区维西县地方自治概况』（1944.5.15）

一二　云南省政府为福贡设治局编述『福贡地方自治概况』一案的指令（1944.5.26）

第五十卷

六 云南省民政厅为华坪县政府呈报『华坪县政府民国三十五年度第一次县政扩大会议纪录』的指令（1946.6.20）

七 保山县机关（事业或学校）组织年报表（民国三十五年八月底）（1946.8.3）

八 云南省民政厅为碧江设治区党部书记长拟呈拓边意见一案函中国国民党云南省执行委员会（1946.8.3）

九 云南省民政厅为华坪县政府呈报『第二次县政会议纪录』的指令（1946.9.26）

一〇 禄劝县民国三十五年度行政工作报告书（1946.10.23）

一一 晋宁县政府民国三十五年度工作报告书［1946.11］

一二 云南省民政厅为路南县政府呈报『路南县政府召开第一次扩大县政会议纪录』的指令（1946.11.11）

一三 云南省民政厅为泸水县呈报『第二次县政会议纪录』的指令（1946.11.11）

一四 云南省建设厅为福贡设治局呈报『民国三十五年度一至六月建设工作报告表』一案指令局长黄明仲（1946.11.15）

一五 云南省建设厅为保山县政府呈报『扩大县政会议决议案』的指令（1946.12.20）

一六 寻甸县政府施政报告书（1946.12.20）

一七 云南省建设厅为碧江设治局呈报『民国三十五年度一至六月份建设中心工作报告表』一案指令局长于守云（1946.12.20）

一八 贡山设治局呈报『贡山设治局办理国民教育概况调查表及意见书』（1946.12.31）

一九 福贡、碧江设治局呈『施政概况』（1947.5.20）

二〇 云南省民政厅为碧江设治局局长于守云呈报『巡视工作报告表』事指令（1947.9.17）

第五十一卷

第五十二卷

一　云南省民政厅为沾益县长张伟呈报『民国三十二年度政绩比较表（第二项）』一案指令（1944.7.3）

二　云南省民政厅为沾益县长张伟呈报『民国三十二年度政绩比较表』一案指令（1944.7.7）

三　清华大学国情普查研究所编『云南省呈贡县、昆阳县户籍及人事登记初步报告』（1940.1–1946.2）

四　云南省民政厅为曲靖县政府呈报『民国三十五年上半年工作总结下半年工作计划』一案指令（1946.8.23）

五　云南省民政厅为据宜良县政府呈报『宜良县政府工作报告』一案指令（1947.1.15）

六　云南省教育厅为曲靖县呈『第一次县政会议纪录』咨省民政厅（1946.11.26）

七　曲靖县民国三十五年工作报告（1946.11.30）

八　马龙县政府呈『民国三十五年度施政报告书』（1946.11.28）

九　宜良县民国三十五年度施政报告书（1946.12.14）

一〇　宜良县政府民国三十五年度工作报告（1947.3.17）

一一　陆良县政府工作报告及经费收支实况（1947.11.26）

第五十三卷

一　云南民政长为据特派第十一区调查员呈报调查该行政委员身边人员情形指令普文行政委员［1912.6］

二　云南迤南道普防总咨谋官刘钧为筹设普思沿边行政局各情形咨教育司（1913.2.25）

三　云南教育司为普思沿边行政总局为呈请沿边各猛不通汉语文字拟定办事规则一案指令普思沿边行政总局（1913.4.17）

四　车里县长为办理推行自治情形呈省民政厅（1932.9.10）

五　佛海县政府民国二十一年十一、十二、二十二年一月份政治工作报告表（1933.2.15）

六　车里县长为筹办自治训练分所情形呈省民政厅（1933.7.5）

七　南峤县长刘国祥、佛海县长李毓茂为参加边政会议事给呈云南省政府（1937.5.22）

八　云南省教育厅为奉令核办治理车里县夷民意见书一案情形呈请省政府鉴核（1941.12.26）

九　云南省教育厅为遵照教育部抄发治夷意见查酌办理一案训令佛海等县局（1942.4.10）

一〇　云南省教育厅为奉发佛海、南峤治夷意见一案前奉部令业已遵照分令饬办一案呈请省政府鉴核备案（1942.5.1）

一一　云南省车里县长王字鹅呈报车里县政府农业教育保甲进度表（1942.6.20）

一二　云南省政府主席龙云令省民政厅查核佛海县呈报民国三十年度政绩比较表（1942.9.19）

一三　镇越县长李文新呈报『车里、佛海、澜沧等各县施政之利弊』（1942.9.15）

一四　凤仪县县长胡占一呈报『民国三十一年十至十二月内县政工作概要』（1944.2.24）

一五　云南省民政厅为昆阳县呈报『民国三十三年度一至四月份各科室施政报告表』审核意见（1944.6.9）

一六　云南省民政厅为据凤仪县呈报『民国三十三年一至六月份民政工作报告书』一案指令知照（1944.9.29）

一七　云南省民政厅为据昆阳县县长呈报到任后工作情形一案指令遵照（1944.10.11）

一八　澄江县县长刘承功呈报省民政厅『澄江县两年来县政实施报告书』（1944.12.20）

一九　车里县政府呈报车里县民国三十四年度工作计划分期进度表（1945.1.1）

二〇　凤仪县民国三十四年度民政工作分期进度表（1945.7）

二一　凤仪县县长胡占一为『凤仪县政府民国三十四年工作报告』呈报省民政厅（1945.12.15）

二二　云南省民政厅为据澄江县呈报『民国三十四年度施政报告』一案指令遵照（1946.3.11）

二三　易门县政府民国三十五年度工作报告书（1946.10.12）

附易门县政府职员录

二四　云南省民政厅为据宜良县呈报『民国三十六年度一至六月份施政计划及工作报告表』一案指令遵照（1947.12.31）

二五　云南省民政厅为据宜良县呈报『民国三十五年度暨民国三十六年度一至六月份民政及建设重要工作报告表』一案指令遵照（1948.1.27）

二六　云南省民政厅为据宜良县呈报『民国三十六年度施政报告书』一案指令遵照（1948.4.15）

二七　云南省民政厅为据陆良县呈报『民国三十七年度施政计划』指令遵照（1948.7.6）

二八　云南省民政厅为据宜良县县长呈报『在任三年计划建设成果』一案指令知照（1948.10.18）

第五十四卷

一　云南省政府为华宁县划拨区域事指令龙武设治专员（1933.3.17）

第五十五卷

三　云南省民政厅为据弥渡县政府呈报『民国三十四年度十一、十二两月份施政报告』一案指令（1946.3.11）

四　云南省建设厅为宁江设治局呈报『民国三十四年度工作报告表』一案指令（1946.3.12）

五　云南省民政厅为建水县政府呈报『第一次县政扩大会议纪录』指令遵照（1946.8.7）

六　宁江设治局局长马维庚为报施政情形呈省建设厅长（1946.8.15）

七　建水县政府民国三十五年度工作报告书［1946.9］

八　弥勒县政府民国三十五年度工作报告［1946.9］

九　开远县政府工作报告书（1946.9.20）

一〇　云南省建设厅为麻栗坡对汛督办公署呈报『民国三十五年度一至六月份建设中心工作报告表』一案指令（1946.9.28）

一一　开远县政府工作报告书（1946.10.1）

一二　弥渡县政府为召开第二次县政会议呈云南省民政厅（1946.11.28）

一三　麻栗坡对汛督办公署为『督办主任谢崇琦到任四月以来施政状况』呈省政府（1947.3.19）

一四　龙武设治局民政事项视察报告［1948］

一五　龙武设治局现有各科室人员名册［1948］

一六　龙武设治局地方士绅调查表［1948］

一七　云南省民政厅为建水县政府呈报『民国三十八年度中心工作计划』一案指令（1949.4.18）

一八　云南省民政厅准『大理县民国三十八年上半年工作竞赛实施办法』备查（1949.4.22）

第五十六卷

第五十七卷

第五十八卷

第五十九卷

三　云南省政府抄发关于加强国内各民族及宗教间之融洽团结以达成抗战胜利建国成功目的之施政纲要的训令（1941.6.17）

四　云南省民政厅第五区督导员符继禹为到永善、绥江、盐津等县视察工作经过站点及具体情形列工作日记具呈省民政厅（1943.10–1944.3）

五　云南省政府发下准滇黔绥靖公署签送据第七区史专员呈报阿墩独立营派兵护送督导员杨履中前往中甸事指令该专员知照并呈复省政府鉴核备查（1944.2.22）

六　云南省民政厅第三十一区督导员赵光斗为到祥云、旧邑村、大波那街、维新街等地督导工作日记呈省民政厅（1944.2–1944.3）

七　碧江设治局呈报民国三十三年度工作计划（1944.4.3）

八　云南省民政厅为赋予专员军判权一事呈省政府、函复第五区专员（1945.2.17）

九　云南省政府为选县户口普查给云南省民政厅的训令（1945.4.30）

一〇　国民政府军事委员会西南军事运输处军法部派驻腾冲督察官视察腾冲县（1945.9.12）

一一　云南省政府为澜沧现状及改进意见一案给省民政厅的训令（1946.3.25）

一二　陇川、福贡设治局呈地方绅士调查表（1946.10.11）

一三　碧江设治局局长于守云为县区地方绅士调查表呈省民政厅（1946.10.6）

一四　车里县县长马维忠呈车里县地方绅士调查表（1946.10.26）

一五　宋硕甫——迤南澜沧县现状及其改进意见［1947］

一六　云南省警备总司令部就耿马设治局近况电呈省政府（1947.6.2）

第六十卷

六　云南省实业司司长华封祝函省内务司检送云南省劝业会章则一份（1922.10.23）

七　云南省长公署为据财政司呈河口督办电金河行政员禁止赌博有碍赌捐令蒙自道尹（1924.3.29）

八　云南河口、麻栗坡对汛督办公署办事章程［1933］

九　云南殖边督办公署编拟『云南殖边督办公署暂行章程』［1935.6］

一〇　云南省政府为拟具云南迤西边区行政长官公署名称及组织暂行章程事给民政厅的指令（1939.2.1）

一一　云南省民政厅为拟具迤西边区行政长官公署组织暂行章程等情呈云南省政府（1938.12.30）

一二　云南腾龙边区行政监督公署组织暂行章程（1939.2.1）

一三　云南省政府关于省党部所拟边区党政教设施计划核准送到后再行检呈的指令（1939.9.13）

一四　云南省民政厅就耿马边案指令镇康县长全权办理（1940.4.24）

一五　云南省民政厅编『云南思普边区行政督察专员公署组织暂行章程』（1940.5）

一六　云南省政府为核议潞西设治局长会案事指令省民政厅、财政厅办核（1940.5.14）

一七　云南省政府关于莲山设治局关防一案的训令（1941.7.7）

一八　云南省民政厅乡镇组织暂行条例（1941.8.9）

一九　云南省政府为抄发地方自治实施方案等的训令（1941.11.1）

二〇　云南省民政厅制发云南省各级仓谷收放暂行办法［1941.12］

第六十一卷

九　云南省民政厅为拟订『云南省设治局组织规程』一案呈省政府（1944.12.20）

一〇　云南省政府令发『云南省各机关设置统计机构暂行办法』（1945.4.21）

一一　云南省政府训令省民政厅检送该厅办事细则（1945.6.5）

附民政厅各科室办事细则

一二　云南省政府抄发『云南省设治局组织规程』训令省民政厅遵照（1945.7.20）

一三　云南省民政厅分层负责办事细则（1945.9.7）

一四　云南省民政厅修订『行政督察专员公署组织暂行条例』（1946.1）

一五　云南省民政厅行政督察专员公署办事通则（1946.1）

一六　云南省民政厅拟『云南省县自治法草案』（1946.1）

一七　卢汉与国民政府就推选少数民族国大代表的往来电文（1946.3.4）

一八　云南省政府为抄发内政部关于收复区实施户口清查办法给云南省民政厅的训令（1946.3.15）

一九　云南省民政厅为拟具『云南省收复区实施户口清查办法施行细则』呈省政府（1946.4.22）

二〇　云南省政府准内政部函为修订『行政专署及区保安司令部合并组织办法』的训令（1946.8.16）

二一　云南省民政厅为遵令拟订各专署组织成立事项呈省政府（1946.11.16）

二二　云南省政府为抄送乡镇一览表事训令省民政厅（1947.3.4）

二三　云南省政府令省民政厅查照军事机关或部队征雇民工办法（1947.7.30）

第六十二卷

一〇　普洱道尹徐为光为普思沿边亟应改县理由及议复土司代表李谭呈请阻止改县缘由的呈（1927.9–1927.12）

一一　云南省政府省务委员会为裁撤上改心、四排山两县佐改设双江县及委任知事的指令（1927.11）

一二　普洱道尹徐为光为芦山县名改为六顺县请云南省政府省务委员会查核更正的呈（1928.2.28）

一三　双江县公署为双江新县已筹备完全的呈（1928.4）

一四　云南省政府为准双江县呈报新县已组成并缴四排山、上改心两县佐截角钤记备案的指令（1928.6）

一五　云南省政府为普思沿边改县情形训令普洱道尹徐为光（1928.8.10）

一六　云南省民政厅为办理普洱道尹呈普思沿边改县必要情形一案呈省政府（1928.8.25）

一七　云南省民政厅为车里县属大猛笼添设县佐呈省政府（1928.8–10）

一八　云南省政府为尚未准予佛海设县给省建设厅的指令（1928.4–1928.6）

一九　云南省政府为普洱道尹呈复普思沿边改县必要情形一案的指令（1928.9–1928.10）

二〇　云南省民政厅拟订『云南省各县局选举保长办法』『地方自治与权责划分办法』『地方自治监督法草案』（1948.1.1）

二一　云南省政府秘书处为提议加强边疆宣抚使边区人民及土司诚服内向以巩固边防一案令省民政厅（1948.1.20）

二二　云南省政府为准省府秘书处函以新闻会通报加强边疆宣抚使边区人民及土司诚服内向以巩固边防一案训令各县、局（1948.3.26）

二三　云南省民政厅为据呈请颁发『自治指导员法规与组织』以便遵照一案指令沧源设治局局长陈毓汉（1948.4.1）

二四　云南省民政厅为拟议云南省各设治局改县方案呈省政府（1948.5.8）

二五　云南省民政厅颁布『褒扬条例』（1948.7.11）

二六　云南省民政厅为奉省府令滇越边境严禁走私以免引起边境纠纷一案训令镇越、江城等县政府（1948.7.15）

二七　云南省第十二区行政督察专员公署为准防制边民迁徙一案函省民政厅（1948.9.9）

二八　云南省民政厅为奉令对于滇越边境匪徒扰乱查办一案训令镇越、江城、金平等县政府（1948.11.18）

二九　云南省民政厅为向缅方交涉制止招募我边区山夷充当兵役一案指令陇川设治局（1948.12.1）

三〇　云南省民政厅为奉省府令关于滇越边境地区盗匪事件一案训令江城、金平、屏边等县政府及河麻两督办（1948.12.4）

三一　云南省政府为十二区专署拟具边政意见八点指令民政厅知照（1948.12.4）

三二　云南省政府为滇西剿匪指挥部呈报县政改革委员会简章一案训令省民政厅（1949.6.21）

第六十三卷

一　普洱道道尹徐为光关于请提前核议普思沿边改县情形呈省政府（1928.11）

二　云南省民政厅为办理普思沿边改县及将车里、佛海等五县提前核定一案呈省政府（1928.11）

三　云南省政府令第八区政务调查员查核普思沿边改县情形的密令［1927.9–1929.1］

第六十四卷

三〇　云南省民政厅为内政部咨复沧源设治局请关防案呈省政府（1937.10.14）

三一　云南省民政厅准发沧源设治局关防的训令（1937.11.5）

第六十五卷

一　云南省畹町警察局编报『云南省畹町警察局编制表』[1938.1]

二　云南省车里县编保甲户口委员会委员姓名略历表（1938.8.5）

三　云南省政府为裁撤第一、二督边办及裁撤后有关事宜令省民政厅（1938.9.2）

四　云南省民政厅为接收办理第一、第二殖边督办裁并后一切事务所拟办法呈省政府（1938.9.3）

五　云南省民政厅编拟『云南殖边督办公署暂行章程』（1938.9.3）

六　云南省政府为殖边督办移交一切事件及公物事训令省民政厅（1938.9.8）

七　云南第一殖边督办公署为第一殖边公署裁撤事咨省民政厅（1938.10.25）

八　云南第一殖边督办造送移交接管经管民政界务外交边案各项档卷清册（1938.10.31）

九　云南第一殖边督办公署关于裁撤第一、二殖边督办及移交接收办法咨省民政厅（1938.10.31）

一〇　云南省政府为殖边督办移交事训令省民政厅（1938.11.28）

一一　云南省政府为复英国驻腾冲领事施特立所呈殖边督办结束后界务会审事项如何处理事令省民政厅（1938.11.28）

一二　云南省政府为云南第二殖边督办所拟结束办法令省民政厅（1938.11.30）

二七　云南省民政厅为宁蒗设治局呈报筹设邮政经过情形咨省建设厅（1939.2.7）

二八　云南省政府为第一殖边督办裁撤后公物器具移交事训令省民政厅（1939.5.6）

二九　梁河设治局局长甘德明呈报启用关防日期事（1939.5.20）

三〇　云南省政府为设置腾龙边区行政监督一案令省民政厅（1939.6.5）

三一　云南省民政厅为委龙绳武充任腾龙边区行政监督等情一案的训令（1939.7.27）

三二　云南省民政厅为永胜县呈报该属第四区外六地等村户口情形一案的指令（1939.10.11）

三三　云南省政府为腾龙边区行政监督呈报理由书及暂行规程草案一案训令省民政厅（1939.11.20）

三四　云南省民政厅为永胜县呈报遵办禁政暨划拨交收属外六地等村户口各情形一案的指令（1939.11.27）

三五　云南省政府为组织国民兵及筹设国境警察局并编联保甲事令省民政厅（1940.3）

三六　云南省政府为思普边区增划督察区设置专员公署一案训令省民政厅（1940.3.7）

三七　云南省民政厅就将废置督办署改为省立腾越中学事咨省教育厅（1940.3.26）

三八　云南省民政厅为澜沧二七区应否设西盟设治局事便签（1940.4.27）

三九　云南省政府为省民政厅呈报议拟思普边区增划督察区设置专员公署一案的指令（1940.5.26）

四〇　云南省政府为云南省民政厅呈复办理省参议会建议开发腾龙思普边区一案准予备案的指令（1940.9.26）

第六十六卷

二一　云南省民政厅为泸水设治局呈报改组实行分科办事一案指令准予备案（1945.12.15）

二二　云南省政府为据省民政厅呈请设置云南边疆建设委员会以便开发本省边疆一案令知（1945.12.22）

二三　云南省民政厅为第七区行政督察专员公署呈请将沿边各设治局改县暨成立边务处一案指令暂从缓议（1945.12.27）

二四　云南省民政厅为耿马设治局呈报改组情形一案指令准予备案（1945.12.27）

二五　梁河设治局呈调整乡镇公所及保办公处报告表（1946.1.1）

二六　云南省民政厅为耿马设治局呈报启用正式关防日期一案指令准予备案（1946.1.5）

二七　云南省民政厅为瑞丽设治局公民李文渊呈报乡镇机构多系下野官兵组成各情一案训令第六区行政督察专员公署查核（1946.1.22）

二八　云南省民政厅为耿马设治局呈报修建局署情形一案指令准予备案（1946.1.23）

二九　云南省民政厅为梁河设治局呈报改组情形及设置人员一案指令按规定设置（1946.2.19）

三〇　云南省民政厅为贡山设治局呈报改组情形一案指令准予备案（1946.3.2）

三一　云南省民政厅为梁河设治局呈报调整复兴、河东两乡镇公所情形一案指令遵照（1946.3.2）

三二　云南省政府为提高设治局地位以重职守一案训令省民政厅知照（1946.3.9）

三三　云南省民政厅为潞西设治局呈报改组情形一案指令准予备案（1946.3.19）

附潞西设治局职员名册

三四　云南省民政厅为提高设治局地位、各局长改为荐任待遇一案训令各县局遵照（1946.3.20）

三五　云南省民政厅为梁河设治局呈报乡镇区域划分调整办法报告表一案指令第六区行政督察专员公署遵照（1946.3.28）

三六　云南省民政厅为澜沧设治局呈报编划乡镇保甲情形一案指令第四区行政督察专员公署遵照（1946.3.28）

三七　云南省政府奉准增设边区行政专员的训令（1946.4.2）

三八　云南省民政厅为耿马设治局呈报启用关防日期一案指令准予备案（1946.4.6）

三九　盈江设治局为报职员名册并呈请补发局务会议规则事呈云南省民政厅（1946.5.25）

四〇　云南省民政厅为宁江设治局呈报乡镇保甲表暨分乡图一案指令照准（1946.8.13）

四一　云南省政府为重划行政督察专员区域、增设专员一案令省民政厅（1946.10.14）

四二　云南省民政厅为潞西设治局呈请将畹町编为特别镇一案训令第六区行政督察专员公署（1946.10.17）

四三　云南省政府为麻栗坡区公民代表电请撤销将河口、麻栗坡两特区改设县治训令省民政厅（1946.11.8）

四四　龙武设治局为填报历年户口统计等各表代电云南省民政厅（1947.2.2）

四五　云南省政府为核议省参议会咨请将河口、麻栗坡改设县治案指令省民政厅（1947.3.6）

四六　中甸县政府呈报民国三十六年行政人员各项统计表（1947.4.19）

四七　泸水设治局呈报民国三十六年行政人员各项统计表（1947.5.28）

四八　云南省民政厅为河口督办呈请照民国二十二年划拨区域改设县治案指令河口督办（1947.6.7）

第六十七卷

第六十八卷

第六十九卷

一　云南省政府省务委员会为据阿墩行政委员李焕章呈报各项移交清册事令云南省财政厅等核办（1928.2）

二　云南省政府省务委员会为核议普思沿边行改设县治事令内务厅厅长丁兆冠遴派得力人员前往考查（1928.3.20）

三　云南省民政厅为据猛卯行政委员俸世英呈报接收前任移交器物等事令遵照（1928.7.7）

四　云南省政府为据新旧上帕行政委员呈报交接军械清册事令云南军械总局查照（1928.7.9）

五　云南省政府为转发卸阿墩行政委员移交各清册指令云南高等法院、财政厅等查照（1928.7.16）

六　云南省政府为据芒遮板行政委员杨坚呈报接收前任关防、卷宗、枪弹等事令遵照（1928.7）

七　云南省民政厅为据知子罗行政委员张增福呈报前任移交各项清册事指令遵照（1928.8.20）

八　云南省政府为据阿墩行政委员呈报接收前任移交军械数目事指令知照（1928.9.1）

九　云南省民政厅为据泸水行政委员李君惠呈报前任移交积谷及团警清册事指令遵照（1928.9.10）

一〇　云南省政府为据知子罗行政委员呈报接收前任移交各项清册事指令遵照（1928.9.17）

一一　云南省政府为据卸干崖行政委员呈报移交事令新委干崖行政委员杨泽遵照（1929.3）

一二　云南省民政厅为据新委干崖行政委员杨泽呈报接收前任移交各项清册事指令遵照（1929.4.29）

一三　云南省民政厅为据知子罗行政委员徐善行呈报接收前任各项清册事指令遵照（1929.5.28）

一四　云南省政府为莲山设治局呈请将局署迁至太平街办公一案训令云南省民政厅（1948.5.31）

一五　云南省民政厅为据瑞丽设治局呈报暂设腊撒政务筹备处核办具报一案呈省政府（1948.7.2）

一六　云南省民政厅为梁河设治局呈报局署迁移遮岛一案电令绘送遮岛地形图（1948.9–12）

一七　云南省政府第一零九一次会议及内政部为龙武、宁蒗两设治局改县一案的记录、电复（1949.7.15）

一八　国民政府内政部准为云南省潞西设治局改县案代电云南省政府（1949.8.18）

第七十卷

一　卸佛海县县长杨丛桂造报交代任内经征县属户捐支出政费银元数目清册（1929.5.30）

二　卸佛海县县长杨丛桂造报交代任内经征折工团费杂捐开支地方行政费银元数目清册（1929.5.30）

三　代理佛海县县长涂达纶造报接收前任交代经征折工团费杂捐开支地方行政费银元数目清册（1929.6.15）

四　云南省政府为据新旧知子罗行政委员呈报交接各项数目清册事指令遵照（1929.7.6）

五　云南省政府为据卸上帕行政委员呈报离职日期并造报移交清册等事指令新委上帕行政委员冯名瑛遵照（1929.7.8）

六　猛丁行政委员吴光泽呈报接收前任各项清册事（1929.8.20）

七　云南省政府为据芒遮板行政委员余其勋呈报接收前任关防、卷宗等事令遵照（1929.8.21）

八　云南省政府为据新委芒遮板行政委员朱升呈报接收前任各项公物清册事令遵照（1929.9.13）

九　云南省政府令准卸猛烈行政委员夏甸畇呈报移交军械军需品清册备案（1929.12.11）

一〇　云南省民政厅令准双江县县长方际熙呈报接收前任移交团局领用军械枪弹清册备案（1930.5.30）

一一　云南省民政厅令准车里县县长余瀛呈报接管前任县长孙天辅咨交各项卷宗清册一案备案（1930.5.30）

一二　云南省民政厅为据泸水行政委员杨汉臣呈报接收前任各款数目清册遵照（1930.10.20）

一三　车里县县长王字鹅呈报接准前任咨交民众教育馆房舍图书倒塌遗失数目清册（1930.12.1）

一四　云南省民政厅训令镇越县县长吴峻叔查核前任县长温乐山咨交任内收支款等项清册由（1930.12.15）

一五　云南省民政厅令准镇越县县长吴峻叔呈报接收前任移交枪弹数目清册备案（1930.12.17）

一六　云南省政府令准临江行政委员谭其镛呈报接收衙署枪支器具卷宗状纸等项清册备案（1930.12.19）

一七　云南省政府为据知子罗行政委员董芬呈报接收前任各项公物册结事令遵照（1930.12.24）

一八　云南省政府令准卸临江行政委员张汝泽呈报移交关防衙署枪支器具状纸文件等款项一案备案（1930.12.24）

第七十一卷

一　云南省政府为据卸知子罗行政委员徐善行呈报移交军械等物品清册事令遵照（1931.1.5）

二　卸芒遮板行政委员朱升移交各项公物清册及印结（1931.11.20）

三　新委芒遮板行政委员施雨霖造报前任各项物品清册（1931.12.23）

四　云南省政府为据芒遮板行政委员施雨霖呈报接收前任卷宗及枪弹印结清单事令遵照（1932.1.22）

五　云南省民政厅据德钦设治局、金平县呈缴前奉委任状的指令（1932.2.25）

六　干崖行政委员王子刚呈报接收前任关防枪弹及文卷等清册（1932.3.23）

七　云南省民政厅为据泸水行政委员何玉麟呈报接收前任各项款物清册事令知照（1932.4.6）

八　云南省政府为据猛卯设治局局长李典章呈报接收前任各项文卷器物等事令遵照（1932.4.25）

九　云南省民政厅令发澜沧县各区区公所钤记（1932.9.1）

一〇　云南省民政厅为据阿墩设治局局长曾作霖呈报前任移交情形令知照（1932.10.28）

一一　云南省民政厅指令猛卯设治局局长马树藩补履历表（1933.4.13）

一二　云南省民政厅为据瑞丽设治局局长马树藩呈报接收前任各项文卷枪弹等事令遵照（1933.4.28）

一三　卸盈江设治局局长王子刚呈报移交关防文卷清册（1933.10.1）

一四　云南省民政厅委任陈子鉴为金河猛丁并治委员的令（1933.10.23）

一五　云南省民政厅为金河猛丁并治委员陈子鉴呈报奉到委令及起程日期的指令（1933.11.8）

一六　云南省民政厅为据新委盈江设治局局长陈文沛呈报接收前任关防枪弹等事令遵照（1933.11.11）

一七　云南省民政厅为令准泸水设治局局长黄德佐呈报接收前任各款数目清册（1933.12.5）

一八　云南省民政厅为据瑞丽设治局局长廖彬呈报接收前任各项公物清册事令知照（1933.12.14）

一九　云南省民政厅为据卸瑞丽设治局局长马树藩呈报移交印信文卷等公物事令知照（1933.12.18）

二〇　云南省民政厅令准新旧陇川设治局局长呈报移交清楚事（1938.9.21）

第七十二卷

第七十三卷

五　潞西设治局呈报所属县区长委任情形（1936.1.23）

六　云南省民政厅令准新任筹备沧源设治局专员杨仲符到职日期及接收前任移交之事项清册备案（1936.6.2）

七　云南省政府为筹备宁蒗设治专员陈文锦呈报划编自治区情形并请核委区长案令省民政厅（1936.5–1937.1）

八　云南省民政厅为据新委盈江设治局局长金莼甫呈报接收互结事令知照（1936.9.28）

九　云南省民政厅令准新委莲山设治局局长徐绩呈报到任日期及移交情形（1936.10.31）

一〇　潞西设治局呈报所属各区乡镇名称、乡镇长姓名等（1936.11.14）

一一　云南省民政厅呈报所属各区乡镇名称、乡镇长姓名等给潞西县设治局的指令（1936.12.15）

一二　云南省民政厅令准卸德钦设治局局长徐绩呈报各项事务移交清楚事（1937.8.18）

一三　云南省民政厅令准卸德钦设治局局长王正发呈报移交清楚切结事（1938.12.30）

一四　云南省民政厅准德钦设治局呈请委任第三区区长的指令（1939.2.14）

一五　云南省民政厅令准委卢熯、阿琛充宁蒗设治局一、四两区区长（1939.7.3）

一六　云南省政府任命李国清为腾龙边区行政监督的训令（1939.7.13）

一七　云南省民政厅批宁蒗设治局第三、四两区合并案（1940.4.18）

一八　云南省政府为胡道文充任云南省第一区行政督察专员事训令省民政厅（1940.12.17）

三四　云南省政府为鲁掌土司茶光周诬控卸泸水设治局局长孙本仁一案令省民政厅遵办（1943.7.26）

三五　云南省民政厅为卸沧源设治局局长彭钊电呈交代情形一案令新任局长王晋会同办理（1944.1.31）

三六　云南省民政厅为河口新旧任督办呈报粮赋交收情形一案函省粮食局核复办理（1944.1.31）

第七十四卷

一　云南省民政厅为卸车里县县长办理禁烟及交代情形一案令新旧任县长会同办理（1944.3.17）

二　云南省政府据卡瓦山区十七头目代表张万美呈以卡瓦山西关系国防请升该代表以自治指导员名义以资统率等情一案指令（1944.3.21）

三　云南省政府人事室办理卡瓦山区自治指导员张万美呈刊用关防图记日期及设置驻省代表办事一案（1944.4.8）

四　第七区行政公署专员史华呈报福贡设治局局长孙模前往碧江设治局监盘（1944.7.28）

五　云南省民政厅编『云南省现任各市县局长及对汛督办汛长姓名表』（1944.9.1）

六　车里县县长罗树昌呈报交接各项清册（1944.12.14）

七　云南省民政厅令卸碧江设治局局长赵聘玖负责办理任内赋款（1945.2.3）

八　泸水设治局新旧局长舒自天、鲁正璜交接清册呈请云南省民政厅备案（1945.5.7）

九　云南省民政厅令第七区专员李国清派员监盘盈江设治局新旧任交代（1945.7.24）

一〇　云南省民政厅指令泸水设治局新旧局长舒自天、鲁正璜所报交接清册核示由（1945.8.9）

第七十五卷

第七十六卷

一　云南省民政厅为沧源设治局呈报新卸任局长樊汝平、代局长梁得桂交接枪弹、积谷等项清册一案指令示遵（1947.1.31）

二　云南省民政厅为福贡设治局新旧任局长交接清册一案令田粮财政等项应呈主管机关核示（1948.7.16）

三　云南省民政厅为梁河设治局呈报卸任局长移交总册一案指令逐一查明呈核（1948.8.17）

四　云南省民政厅为据德钦设治局新旧局长呈报交接常备中队事令遵照（1948.9.16）

五　云南省民政厅编『民国三十七年云南各属督办市县局长名册』（1948.10）

六　云南省民政厅编『云南省各区行政督察专员简历表』（1948.10.30）

七　云南省民政厅为据德钦设治局新旧局长呈报移交卷宗及图书清册事令遵照（1948.10.30）

八　云南省民政厅为沧源设治局呈报新旧局长交接印信、卷宗等项清册一案指令示遵（1948.11.30）

九　云南省民政厅令准梁河设治局局长杨映波呈报交接办理情形（1949.2.28）

一〇　云南省民政厅编『民国三十八年六月在任各专员、各县局长、汛长名册履历』（1949.6.30）

一一　云南省民政厅编『云南省现任县局长一览表』（1949.8.30）

一二　云南省民政厅编『云南省民国三十五年至三十八年现任县长送审呈荐登记册』（1949.7）

第七十七卷

一　云南省民政厅为河口等属选送夷族学生志愿名单函云南县行政人员训练所查照［1939］

二　河口等属选送夷族学生志愿名单［1939］

三　河口、云县等属选送夷族学生名册［1939］

四　云南省政府、省民政厅为据河口、云县选送边地夷族人材一案令饬遵照（1939.1.9）

五　耿马设治专员张廷钰呈送边地学生杨光武等晋省就学祈考验转送以资深造（1939.1.18）

六　耿马设治局呈报升送夷民子弟资历表（1939.1.18）

七　云南省政府为拟订『边地夷族人材送省受训办法』令省民政厅遵照（1939.2.16）

八　云南省民政厅令饬依限选送澜沧等县局夷族人材到省受训（1939.2.21）

九　江城县县长赵希献为选送夷族学生到省受训一事呈省民政厅（1939.4.4）

一〇　镇康县县长曾国才呈报县属夷民智识甚低无优秀子弟且畏远出免送省受训（1939.4.6）

一一　云南省民政厅为选送夷族学生入省受训事令德钦设治局遵办（1939.4.22）

一二　云南省民政厅为据镇康县呈报夷民智识甚低无优秀子弟且畏远出免送省受训一案指令不准（1939.4.22）

一三　河口对汛督办陈盛恩呈送河口边地夷族学生二十四名祈核收示（1939.4.27）

一四　河口对汛督办署所属各汛区夷族学生人名清册（1939.4.27）

一五　腾冲县政府呈送边地夷族学生冯枝茂等二名受训（1939.5.6）

一六　沧源设治局局长陈席珍呈请奉令选送夷族人材到省受训一案情形祈鉴核示遵（1939.5.18）

一七　兰坪县县长杨振鹏遵令保送苗民学生三十名请准予验收送训并附学生姓名表册（1939.6.1）

一八　澜沧县县长李文新呈送夷族子弟予以验收分别编训祈核示（1939.6.2）

一九　澜沧县县长李文新呈送夷族子弟魏家珍、沈发元二人予以验收编训（1939.6.6）

二〇　镇康县县长曾国才报选送夷民子弟到省受训简明履历册（1939.6.28）

二一　澜沧县政府选派学生石炳鑫已办理南菁中学入学就读手续事呈省民政厅（1939.7.17）

二二　云南省县行政人员训练所函省民政厅拟招收夷族子弟受训（1939.7.22）

二三　云南省民政厅准县行政人员训练所函拟将各属送省夷族学生编为夷族子弟训练班一案转呈省政府核示（1939.7.26）

二四　永善、澜沧两县选送夷族学生姓名表册（1939.7.26）

二五　云南省民政厅遵令调训边地夷族学生一案经省政府会议决定就县训所内成立保甲班订日开始训练（1939.8.12）

二六　云南省民政厅为奉省政府训令有关边地夷族人材一案函请县训所查照并办理（1939.8.18）

二七　云南省民政厅奉省政府指令县训所函拟将各属送省夷族学生编为夷族子弟训练班一案转请查照办理（1939.8.23）

二八　云南省县行政人员训练所夷族子弟保甲训练班取录学员名册（1939.8.28）

二九　维西县县长杨育才遵令选送夷族人材祈收班训练示遵（1939.9.1）

三〇　云南省民政厅为德钦设治局保送夷族莫让仕等八名学生到厅函县训所验收并呈报省政府鉴核示遵（1939.9.11）

三一　云南省民政厅为据澜沧县夷族学生刘来俊等二人呈请发给返家旅费及住宿费一案应准核发（1939.9.11）

三二　云南省民政厅就澜沧县夷族学生熊宏锡等呈请发给返家旅费一案函县训所准核销（1939.9.13）

三三　云南省政府主席龙云指令德钦设治局所选送夷族八名学生已函县训练所收训（1939.10.14）

三四　云南省民政厅为从缓办理将边区夷民所在地划为特区以资训练事训令佛海县政府（1939.10.31）

三五　云南省民政厅为据佛海县呈复夷族学生各土司请求准予俟简师学生毕业后再为选送到省受训案指令准予缓送（1939.10.31）

三六　云南省民政厅为开办保长训练班给佛海县政府的指令（1940.3.1）

三七　云南省民政厅为佛海县呈报编查保甲组织保长训练班各情案的指令（1940.6.22）

三八　云南省政府为镇康县极需边政人才恳请分发事令省民政厅（1941.11.29）

三九　云南省政府为滇黔边区少数民族子弟投考军校均应照内地学生投考办法办理案训令省民政厅（1944.2.28）

四〇　云南省民政厅奉省政府令为属奉军委训令滇黔边区同胞投考军事学校应照内地学生投考办法通案办理（1944.3.18）

四一　云南省民政厅编『云南省各专员市县局长及督办简历册』（1948.2.1）

四二　云南省民政厅为沧源设治局呈报新卸任局长陈毓汉、梁得桂交接印信、卷宗等项清册一案指令示遵（1948.5.31）

四三　云南省民政厅编『民国三十五年云南省各行政专员、县局长、汛长名册』（1949.8.1）

四四　云南省民政厅为据德钦设治局局长呈报交接情形事令遵照（1949.8.29）

四五　云南省民政厅编『民国三十七年至民国三十八年云南各区行政专员、市县局长、对汛督办名册』（1949.9.1）

四六　云南省民政厅编拟『云南省民国三十五年至三十八年存记候委县局长名册』（1949.9.4）

四七　云南省民政厅编『云南省第一届正式省参议员简历名册』（1949.12.1）

四八　云南省民政厅编『云南省现任各市县局长及对汛督办名册』（1949.12.1）

第七十八卷

一　阿敦行政委员杨穆之呈送民国四年一至三月份提留各款应解税清册（1915.4.5）

二　云南省民政厅民国十六年至民国十七年四月经费开支情况（1927–1928）

第七十九卷

一　云南省长公署令金河行政委员呈复查明打花会关系河口督办公署抽收赌捐一案（1923.8.11）

二　云南省长公署为据金河行政委员呈遵令禁止打花赌博并财政司请整顿恢复公赌案令蒙自道尹等（1923.11.18）

三　双江县公署造报规定年征钱粮税课银元暨存仓积谷数目清册（1928.4.28）

四　佛海县李应颐为车、佛、五三县开支之款交付审查事函民政厅长（1929.8.13）

第八十卷

四　云南省政府为函复广西省政府令省民政厅检寄『边防对汛机关名称、组织及其经费来源』等事（1941.11.29）

五　云南省政府为耿马设治局呈耿马边情及拟治理办法一案令省民政厅（1943.3.26）

六　云南富滇新银行为发兑边地现金推行法币事项等事函云南省民政厅（1943.4.20）

七　云南省民政厅为耿马宣抚司呈请照规定明令耿马设治局逐月开支的训令（1943.5.8）

八　云南省政府为办理耿马设治局摊派经费一案令省民政厅（1943.6.30）

九　云南省民政厅为耿马设治局报办理地方教育情形咨省教育厅（1943.8.19）

一〇　云南省政府为耿马设治局办理经费情形令省民政厅（1943.9.24）

一一　云南省民政厅为龙武设治局局长刘雨苍报施政情形函复知照（1944.2.4）

一二　云南省民政厅为泸水设治局呈请减免烟酒田赋等款一案指令第六行政区专员（1944.4.4）

一三　云南省政府批省民政厅、省财政厅呈边疆宣抚经费所需甚巨拟请中央补助案（1944.10.13）

一四　云南省政府为梁河设治局局长封维德呈请筹建局署经费一案训令省民政厅（1944.12.12）

一五　蒙自县民国三十四年度岁入预算书［1945］

一六　蒙自县民国三十四年度岁出预算书［1945］

一七　云南省福贡设治局编造民国三十四年度岁出入总预算书（1945.6.30）

一八　云南省民政厅为沧源设治专员龚澄所请发给开办费等情呈省政府（1945.10）

一九　双江县政府为填报『双江县自治财政收支调查表』呈云南省民政厅（1946.7.31）

二〇　福贡设治局为填报『福贡设治局自治财政收支调查表』呈云南省民政厅（1946.8.17）

二一　中甸县政府为填报『中甸县自治财政收支调查表』呈云南省民政厅（1946.8.20）

二二　龙陵县政府为填报『龙陵县自治财政收支调查表』呈云南省民政厅（1946.8.21）

二三　宁江设治局为填报『宁江设治局自治财政收支调查表』呈云南省民政厅（1946.8.25）

二四　瑞丽设治局为填报『瑞丽设治局自治财政收支调查表』呈云南省民政厅（1946.8.26）

二五　宁蒗设治局为填报『宁蒗设治局自治财政收支调查表』呈云南省民政厅（1946.8.28）

二六　镇越县政府为填报『镇越县自治财政收支调查表』呈云南省民政厅（1946.8.29）

二七　佛海县政府为填报『佛海县自治财政收支调查表』呈云南省民政厅（1946.8.30）

二八　陇川设治局为填报『陇川设治局自治财政收支调查表』呈云南省民政厅（1946.8.31）

二九　麻栗坡对汛督办为本署巡缉队饷银支发情形呈云南省政府（1946.9.7）

三〇　腾冲县政府为填报『腾冲县自治财政收支调查表』呈云南省民政厅（1946.9.9）

三一　云南省第六区专员李国清呈请领出巡旅费（1946.9.24）

三二　云南省政府会计处为各设治局民国三十六年度岁入预算数字事函省民政厅（1948.1.5）

三三　云南省政府为德钦驻军军粮补给一案训令省民政厅（1948.5.30）

图文精粹

209.

四号

銷號

雲南省長公署稿

一件 交涉员呈復核議修改对汛章程繕具清摺請察核辦理示遵由

擬稿 林鑑秋

核稿 程宗孔

覆核 葉大林

廳長 丁兆冠印

省長

民國六年五月　日　午　時文到

月初八日下午一時擬稿

月即日下午三時核稿

月　日　午　時判行

月十二日上午十二時繕訖

月十二日上午　時送印

月即日　午　時封發

210

指令第六百零九號

令特派交涉員張翼樞

呈一件為奉令核議修改對汎章程繕具清單請鑒核辦理示遵由

呈及清單均悉。所擬修改各條，詳加查閱，尚屬妥協，應准照辦。餘併如擬辦理。仰即附同原章抄錄各條，排印成本，分令該特縣暨鄰附各知事一併遵

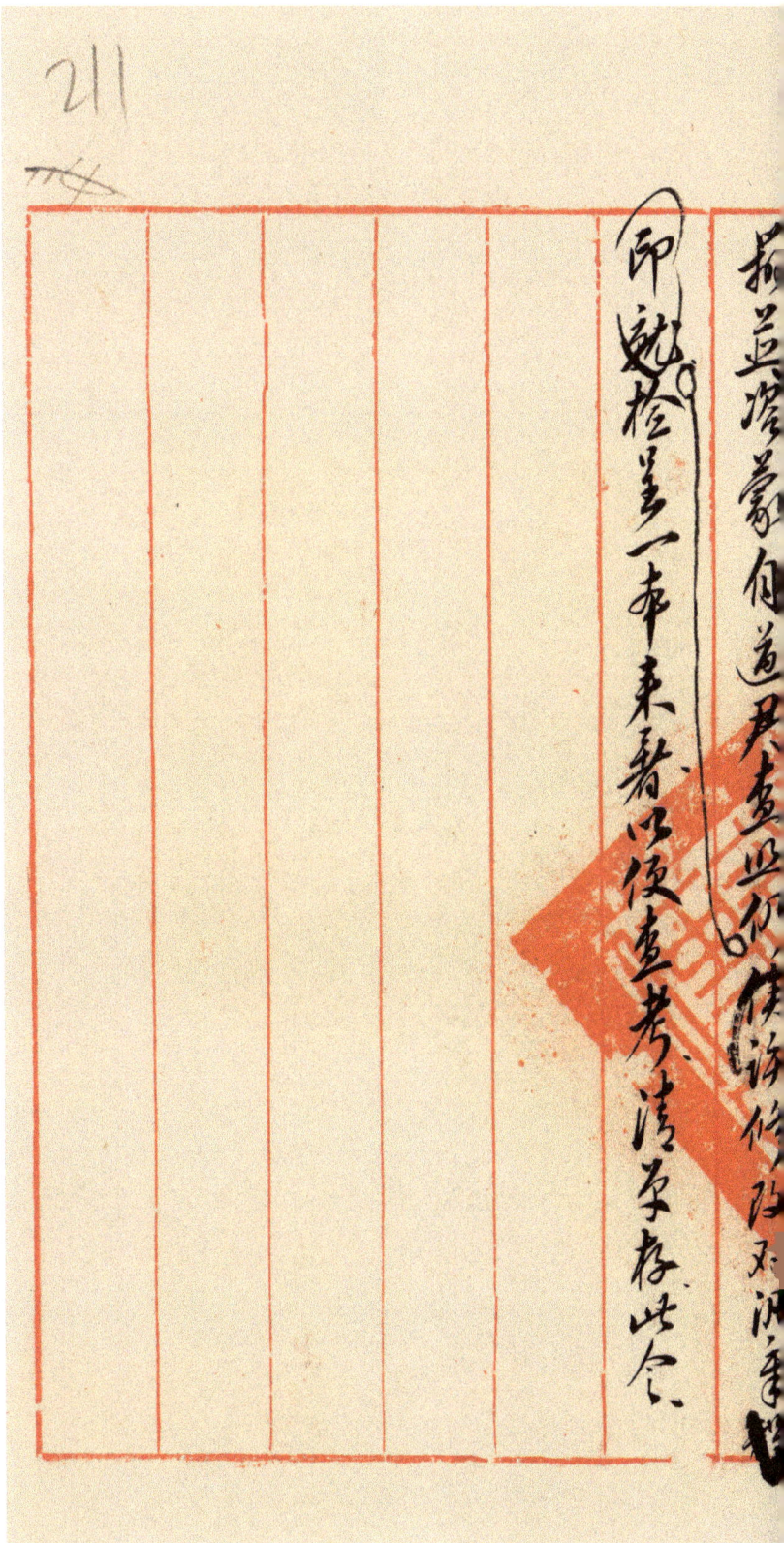

211

摄道澄蒙自道尹查照外仰该县改不得违

印就检呈一本来署，以便查考。清草存。此令。

212

中華民國六年五月初八日

范宗濬

213
總字第　號
内務科
呈
五月二日下午十時到
務字第二股 第六百六五號
五月三日下午一時到科

214

呈為呈復事案奉
鈞署第一千五百四十六號指令據本署會同高等審檢兩
廳呈核議河口麻栗坡對汛辦事章程並請定期召
集會議一案奉令開呈悉查對汛督辦及分汛長司
法權限前經飭據高等審檢兩廳會呈核議行政委
員及縣佐等兼理司法權限案內聲請以河口麻栗坡兩督辦

215

比照縣知事兼理訴訟十甚汎汎長比照縣佐兼理訴訟各規
定辦理等情當經指令如呈辦理並另案通行在案自應
勿庸再議此外關於軍事交涉各事項前訂對汎章程
既有修改之必要應由該交涉員查酌情形擬具議案於下
次政務會議時自行提出會議修改以臻妥善所請由本署
定期召集會議酌予修改之處應勿庸議仰即遵照等

216

因奉此遵即檢閱章程悉心研究就愚見所及計有十六十七十八三十各條應行修改餘如第二條內載分汎辦法第三十二條內載督辦以下各員懲戒規則應如何分別規定擬請由各該督辦體察地方情形根據對汎章程妥擬呈核以臻妥協此外各汎汎長有處理違警罪之權前經頒發違警律並于改良對汎章程說明書內聲明邊地人民程

217

7

度較邊事務較簡施行時不宜出于牵强致滋紛擾其
有僅可行之于城鎮及各汛駐在地者不宜于窮鄉僻壤
强迫施行亦不得逾越權限致與司法相混等語飭由各
該督辦督飭該管對汛人員籌議詳細辦法呈候核奪
在案迄未據復并請令催妥速擬報俾利推行又三
十一條載對汛人員及邊務情形每年由

218

將軍巡按使派員視察一次查近二年來均未派員視察擬
請由本年實行又章程內
將軍巡按使字樣擬請一律改為
督軍省長詳請或詳明字樣擬請改為呈請或呈報俾免
紛岐抑更有進者為政在人徒法不行此項章程頒行已久
雖無可種弊害然功用容有未盡統係仍屬不明揆厥

究

219

屆時或如果執行不大所致可否令行各該督辦派長暨所

屬人員按照此項章程文字精義切實執行之處出自

鈞裁所有奉令核議修改對汎章程各緣由是否有當理合

繕具清單具文呈請

鈞署察核辦理示遵謹呈

雲南省長唐

20

計呈清單一紙

外交部特派雲南交涉員張翼樞

張翼樞印

已制卡 清办

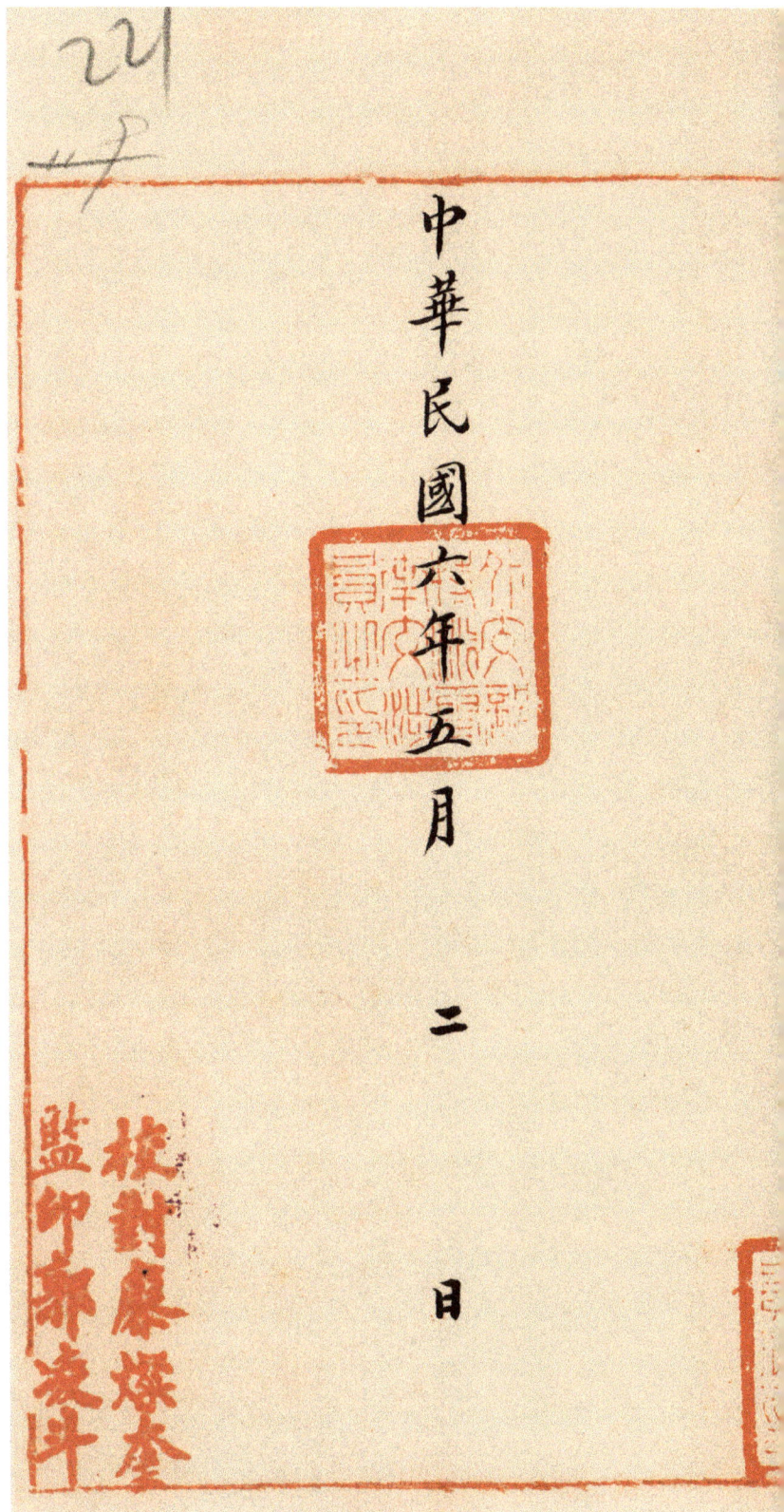

221

中華民國六年五月　二　日

校對廖燦奎

監印郭浚斗

222

12

清單

223

謹將改良對汎辦事章程內應行修改各條繕具清
單呈請
察核
擬改第十六條為 對汎督辦得受理本管段內民
刑詞訟其權限與兼理司法之縣知事同當事人不
服判決得依縣知事審理詞訟暫行章程第三十六
條之規定凡原審事件屬於地方廳管轄者在高等
審判廳或分廳上訴原審事件屬於初級廳管轄者

224

在舊制管轄該縣之府廳州內地方審判廳或分廳上訴若舊制管轄該縣之府廳州內無地方審判廳時在高等審判廳所在地之地方審判廳或由高等審判廳先期指定之地方審判廳上訴

擬改第十七條為　對汛汛長各於本管段內處理違警事件并得受理民刑訴訟其權限應以高等審判廳擬訂縣佐兼理訴訟暫行章程第八條為度但違警事件應隨時呈報該管督辦查核民刑事件則於

判決三日內逐案作成判詞或堂諭呈報該管督辦覆核
該管督辦接據前項判詞或堂諭應於三日內為准駁
之批答准者由該汛長諭知當事人駁者查照辦理
倘當事人不服得就近向所在地之縣知事或鄰近
縣知事公署提起上訴 此與縣佐兼理訴訟暫行規則第十三條但書所指之程序頗不相符但書即附條然因邊地遼濶邊民愚昧恐有受害之家憚於跋涉不求伸理則受之者既甘既恐施之者更將肆行無忌其弊必致愚民遷徙向越受廛即置司法於不顧亦非實邊之道若改向該管督辦署上訴則彼以案為自定或明知曲抑不為平反或惡其多事故為駁斥覆盆之下寃獄終多故擬以所在地或鄰近之縣知事公署為上訴機關取其通民情恤民瘼似亦彼善於此之法也

226

廿

前項各規定僅華民與華民互控得適用之若越民過界滋事無論輕重一經事主控訴或被查覺應即偵緝兇犯搜索證據一面照會法汎一面稟承該管督辦辦理

擬改第十八條為　在汎長審判範圍內之民刑訴訟該管督辦認為有必要時仍得自行審理其在以外者汎長得分別民刑及案情輕重訊取確證備錄案情或竟併同人證呈送該管督辦審理（意在免當事人之苦累而無碍司法之進行）

擬改第三十條為　汎兵編制與待遇均與陸軍士兵

227

同其在職一年以上而無貽誤者升等或酌加年餉十分之二查原章內載汛兵編制與陸軍士兵同但未議及待遇（如卹賞之類）茲擬加入以臻允協

二

97

雲南省政府　密　令第[illegible]號

令第八區政務調查員倪鶴

為令飭查覆事案查前據普洱道尹徐為光魚代電呈報擬將普思沿邊八區改為七縣一殖邊分局並將瀾滄之上改心緬寧之四排山合併改縣正核辦間又據普思沿邊各土司代表李譚

293

具呈普思沿邊情形特殊驟改縣治妨碍甚多懇請主持仍行舊制以安人心免釀邊患等情當經令飭該道尹詳加考慮妥議具覆以憑核奪旋據呈覆李譚呈詞荒謬請予照准改縣並據呈報普思沿邊改縣成立日期請加委各縣長暨呈送改設各縣印模及縣名表請予備案並另須縣印又據該

294

道尹冬艷兩代電呈述普思沿邊亟應改縣與柯祥暉叛變
了無關係請迅予校定各等情當經令飭新委普思沿邊行
政總局長徐維翰於到任後前往各該區地方按照令指各節逐
一切寔考察據寔分別議擬列表繪圖呈復核奪嗣復據該
道尹皓代電呈述普思沿邊應改縣四端暨續呈普思沿邊

改縣必要情形請核准施行各等情復經先後令飭各縣局
長於到任後前往各區併案切寔攷察呈復核奪並指令該道
尹遵照各在案茲又據該道尹呈覆續請將普思沿邊核定
改縣並續呈普思沿邊改縣情形請將普文象明從緩籌議
車里佛海等五縣提前核定前來查普思沿邊各區地處蠻

296

荒夷多漢少情形與内地特殊據稱界連英法外人蠶食日
亟非設縣不足以固國防但茲事體大考慮不厭周詳究竟該
道尹所呈是否屬寔各該區有無設縣資格以及區域各應
如何勘劃錢粮各應如何劃撥設治地点各應以何處為適
宜各縣署經費原有若干不敷若干如何籌措提撥與夫地

297

方政費如實業教育巡警等項各應如何籌辦亟應委員逐
一查明以昭慎重而免窒碍現在徐總局長既因要公留省一
時不能履任而沿邊各區因設縣一事未能解决政務不免
停頓令本省適有分區委員調查政務之舉該普思沿邊係
劃為第八區已委定該員為該區調查員與案應委該員按

照令指各節就便逐一確切查明據寔分别議擬列表繪圖呈覆核奪再前據該道尹呈報瀾滄殖邊總辦繆爾綽呈請委任瀾滄殖邊各局委員案内請將雅口縣佐屬之舊管地方劃出一部與臨江合併仍改名為臨江殖邊局一節查普思沿邊第四區該道尹已請改設臨江行政委員茲又擬改為臨江殖邊

285

局歸[illegible]瀾滄殖邊範圍前後所呈未免自相矛盾究竟第四
區應否與瀾滄縣屬雅口縣佐一部分舊管地方合併改
為臨江殖邊局抑仍歸入沿邊設縣範圍將第四區改為臨江
行政委員不必與瀾滄區域合併之處並仰該委員就便併案
詳切查明呈覆以憑核辦除上改心四排山等處已准合

300

併改設雙江縣應不再議外合將該道尹先後原電原呈一

併照抄令發仰即分別遵照辦理具覆切切此令

計抄發原電原呈共十二件

主席龍　雲

兼民政廳廳長丁兆冠

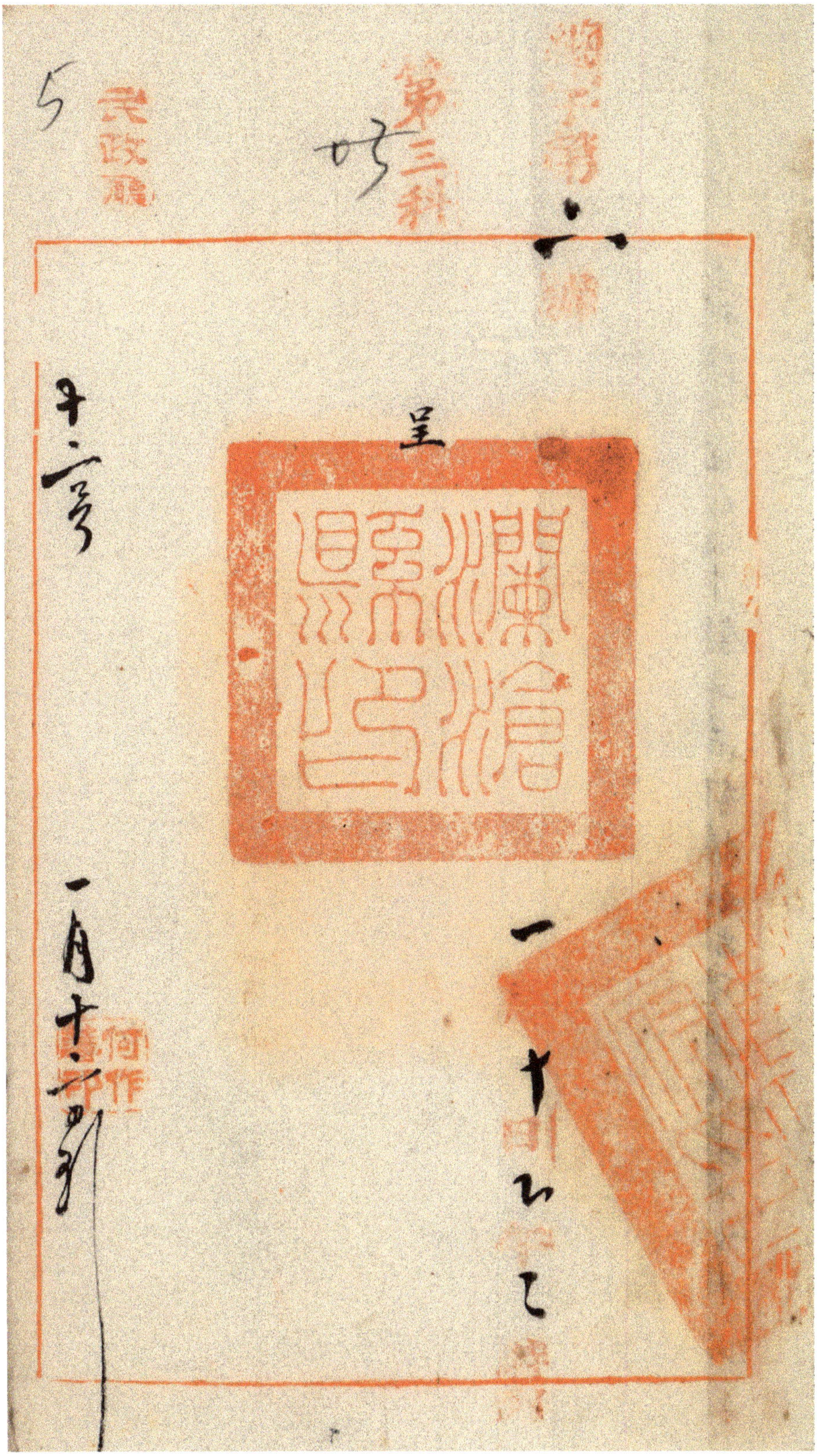
第三科
民政廳
呈

6

呈為呈請確定瀾滄縣治地點永遠不准變更以資建設而利進展事查瀾滄地處中國西南極邊原係孟連土司屬地千數百年為𤝹𤞊猓黑玀夷等夷族所盤據前清鑿其界連英緬居近法越實為西南鎖鑰重地因不惜勞師糜餉將其收服旋於光緒十三年改土歸流設置鎮邊直隸廳并以相當兵力駐防屯墾彼其用意本欲以國家力量積極經營進野蠻於文明使與腹地同化則可於國防邊防上增加一重保障也不料改流至今四十餘年而狉獉如故毫無進展甚如根本

7

04

建設之縣治[illegible]

局程杌高級政府無暇顧及邊荒之故而官其地者之因循敷衍

僅維現狀不計遠大究亦不能辭遺誤之咎也今章

鈞府高瞻遠矚洞悉邊情特委 光琦 來官斯地

囑於任內務將設治建署兩事設法完成仰仗

德威到任以來周諮博訪實地履勘及召集全縣士紳佐治人員

與土司頭目人等會商結果詢謀僉同已將治所擇定即極難籌措之

建署經費亦憑掏誠開導感動民眾踴躍輸將籌定十之六七此足

以告慰
鈞座而亦可以告無過於地方者也竊查瀾滄於改流設置鎮邊直隸廳之初其治所原定在今之猛朗壩土城官舍粗具規模居民將近千户亦有市廛商業乃十七年突遭漢夷交鬨之亂官軍敗衄全城付之一炬人民悉逃避他方其留者因當時殺人盈野尸積不收大兵之後必有瘟疫厲氣傳染致此孑遺亦都蕩然於是猛朗為瘴毒最盛地方遂遍傳遐邇談虎色變人人視為畏途自此官署忽遷佛房忽移圈糯忽駐蠻蚌中間地方官又繼續病故數人瀾滄全境皆成鬼

域猛朗設治之議自無人敢於[illegible]直至[illegible]首任[illegible]至此乃大
胆冒破群議仍主張設治猛朗由圈糯遷回佛房實行建築猛朗衙
署且主張開闢猛朗壩建設朗川市具眼光計畫自非肉食者之所知
惜其甫經滿年未竟厥施即以他故去職而其計畫中有為光琦所
不滿者乃不察實際情形不顧地方能力陳義過高在事實上絕非
短期間內所能辦到則言行不一自不免有誇大鋪張之嫌繆任去後歷任
鑒其失敗以茲事體大一年瓜期轉瞬即屆開始雖易結束極難中途交
代尤多困苦重以才財皆極缺乏而地方人士對於設治地點與籌款方

10

法意見亦不一致因而咸宗黃老之術以無為為治不欲自尋苦惱開罪何方此過去經過之事實而亦瀾滄縣治所以迄未確定之主要原因也茲綜合過去情形與各方主張設治地點不外猛朗上允圈糯田壩四處何處人即主張宜在何處皆屬一偏之見實則圈糯偏東上允偏北其為瘴鄉與猛朗同田壩氣候雖極和適而并無所謂田與壩仍係在一山谷內氣局狹小置一四五百戶之村寨且不足以容納故四處相較終以猛朗為最佳勝該處居縣屬中心為各區交通必經要道四至邊界其程途皆相差不遠在此山國中欲覓一縱約七八里橫約十餘里之平壩舍猛朗實

無第二處[illegible]

墾之田今已不下數百畝漢夷人民約有數十户將來主持得人辦理得

法兩年以內全壩可以開畢至少當得沃田三千畝以內又原建城池亦

尚畧有基礎繆任新建衙署即儘靠南門城腳當日費去款項不少今

雖倒塌而磚瓦石料多數皆可應用如繼續在此建築約可省費伍

千元左右另移他處即完全廢棄有此種種便利設治猛朗除瘴毒

一事外別無他種可以反對理由然而瀾滄全縣無處無瘴遠客初來無

人不病醫藥兩缺死亡之多亦屬當然但認真研究所謂瘴者縣長認

12

為天然氣候僅占十分之三而人事當占十分之七蓋皆於衛生上不甚講求故也該猛朗地方初設縣時并未聞有瘴毒自兵燹之後因積尸腐壞發而成疫今復數十餘年城社邱墟毒蛇蟄虫遨遊其間腐草敗葉充塞滿地兼以河流既未疏通四山積水挾同各種已腐生物復滋生種種病菌到處洋溢奔流外出飲之者又安能不病且死果設治確定則當先行焚山刋木芟除蔓草疏通河流溝渠積極開墾荒地并嚴格講求衛生設備醫藥兩年以後人烟既多烟瘴自除在兩年以内為慎重計則遇酷暑瘴發之際儘可遷避迤宋山半距此二十里即現時

13

好

縣紳民同意并將建署經費籌獲大部分復因所用工人概須僱
自外方每年工作僅有冬春兩季可以實施雨水下地外來工人
不耐烟瘴均須退回即本地土人亦多從其習慣關門閉户度其
鹿豕生活不事工作現已陰歷冬月從速着手亦須臘底正初始能動
工時間迫促復深信別無良好地點超過猛朗故已上緊預備派人
前赴思普招致工人採辦應用器具矣兹特將勘定縣治一切情形
及主張理由詳細呈明敬懇

14

鈞府查核准將瀾滄設治地點定在猛朗永遠不准變更以資建設而便進展至於縣署與五局及監獄建築方式及其經費概照繆任呈准圖案預算酌量變通辦理所需之款除舊存新籌者外計尚不敷現金壹萬元因原定撥充設治經費之江稅現已奉令取銷而照案凡係撥支地方公益之款取銷後得專案呈明由省庫照發故已另案計畫呈請一次補助現金壹萬元俾得完成縣治使瀾滄人民有所依歸邊事前途實深利賴尚祈
鈞座調護維持務予照准不勝感禱之至所有縣長呈請確定

15

8

瀾滄設治地點名緣由是否有當除分呈

民政廳外理合繪具地圖備文呈請

鈞府鑒核從速示遵謹呈

雲南省政府主席龍

計呈地圖一紙

瀾滄縣縣長熊光琦

16

中華民國十九年十二月廿三

17
第三科
一
呈
瀾滄縣印

18

呈為呈請確定瀾滄縣治地點永遠不准變更以資建設而利進展事查瀾滄地處中國西南極邊原係孟連土司屬地千數百年為犿瓦猓黑擺夷等夷族所盤據前清鑒其界連英緬居近法越實為西南鎖鑰重地因不惜勞師糜餉將其收服旋於光緒十三年改土歸流設置鎮邊直隸廳并以相當兵力駐防屯墾彼其用意本欲以國家力量積極經營進野蠻於文明使與腹地同化則可於國防邊防上增加一重保障也不料改流至今四十餘年而獷獉如故毫無進展甚如根本建設之縣治究在何所亦復變更靡定遷徙無常此固由於時局桯杌高級政府無暇顧及邊遠之故而官其地者之因循敷衍僅維現狀不計

19

10

遠大究亦不能辭其遺誤之咎也今幸
鈞廳高瞻遠矚洞悉邊情特委 光琦 來官斯地
囑於任內務將設治建署兩事設法完成仰仗
德威到任以來周諮博訪實地履勘及召集全縣士紳佐治人員與土司頭目人等
會商結果詢謀僉同已將治所擇定即極難籌措之建署經費亦況掬誠開
導感動民眾踴躍輸將籌定十之六七此足以告慰
鈞座而亦可以告無過於地方者也竊查瀾滄於改流設置鎮邊直隸廳之初
其治所原定在今猛朗壩土城官舍粗具規模居民將近千户亦有市廛商

業，乃十七年突遭漢夷交鬨之亂，官軍敗衄，全城付之一炬，人民悉逃避他方。其留者，因當時殺人盈野，尸積不收，大兵之後，又有瘟疫厲氣傳染，致此孑遺亦都蕩然。於是猛朗為瘴毒最盛地方，遂徧傳遐邇，談虎色變，人人視為畏途。自此官署忽遷佛房，忽移圈糯，忽駐蠻蚌，中間地方官又繼續病故數人，瀾滄全境皆成鬼域，猛朗設治之議，自無人敢於提及，直至繆前任爾綽到此，乃大胆突破羣議，仍主張設治猛朗，由圈糯遷回佛房，實行建築猛朗衙署，且主張開墾猛朗壩，建設朗川市，其眼光計畫，自非肉食者之所知，惜其甫經滿年，未竟厥施，即以他故去職，而其計畫中有

21

為[illegible]所不滿者乃不察實際情形不顧地方能力陳義過高在事實上絶非短期間所能辦到則言行不一自不免有誇大鋪張之嫌繆任去後歷任鑒其失敗以茲事體大一年瓜期轉瞬即屆開始雖易結束極難中途交代尤多困苦重以才財皆極缺乏而地方人士對於設治地點與籌款方法意見亦不一致因而咸宗黃老之術以無爲爲治不欲自尋苦惱開罪何方此過去經過之事實而亦瀾滄縣治所以迄未確定之主要原因也茲綜合過去情形與各方主張設治地點不外猛朗上允圈糯田壩四處何處人即主張宜在何處皆屬一偏之見實則圈糯偏東上允偏北

22

其為瘴鄉，與猛朗同。田壩氣候雖極和適，而并無所謂田與壩，仍係在一山谷內，氣局狹小，置一四五百户之村寨，且不足以容納，故四處相較，終以猛朗為最佳勝。該處居縣屬中心，為各區交通必經要道，四至邊界，其程途皆相差不遠。在此山國中欲覓一縱約七八里，橫約十餘里之平壩，舍猛朗實無第二處，且氣局開展，地土肥沃，河流交錯，足資灌溉。其緣山足開墾之田，今已不下數百畝。漢夷人民約有數十户，將來主持得人，辦理得法，兩年以內，全壩可以開畢，至少當得沃田三千畝以內。又原建城池，亦尚畧有基礎，經任新建衙署，即儘靠南門城腳，當日費

23

12

去款項不少今雖倒塌而磚瓦石料多數皆可應用如繼續在此建築
可省費伍千元左右另移他處即完全廢棄有此種種便利設治猛朗
除瘴毒一事外別無他種可以反對理由然而瀾滄全縣無處無瘴遠客
初來無人不病醫藥兩缺死亡之多亦屬當然但認真研究所謂瘴者縣
長認為天然氣候僅占十分之三而人事當占十分之七蓋皆於衛生上
不甚講求故也該猛朗地方初設縣時并未聞有瘴毒自兵燹之後因
積尸腐壞發而成疫今復數十餘年城社邱墟毒蛇蟄虫遨遊其間腐
草敗葉充塞滿地兼以河流既未疏通四山積水挾同各種已腐生物復

24

滋生種種病菌到處洋溢奔流外出飲之者又安能不病且死果設
治確定則當先行焚山刊木芟除蔓草疏通河流溝渠積極開墾荒地
并嚴格講求衛生設備醫藥兩年以後人烟既多烟瘴自除在兩年以
内為慎重計則遇酷暑瘴發之際儘可遷避於進宋山半距此二十里即
現時縣長駐在地之佛房似亦並不艱難也茲縣長既經查勘明白商得
全縣紳民同意并將建署經費籌獲大部分復因所用工人概須僱自外方
每年工作僅有冬春兩季可以實施雨水下地外來工人不耐烟瘴均須
退回即本地土人亦多從其習慣關門閉戶度其鹿豕生活不事工作現

已陰歷冬月從速着手亦須臘底正初始能動工時間迫促復深信別無良好
地點超過猛朗故已上禀預備派人前赴思普招致工人採辦應用器具矣今特
將勘定縣治一切情形及主張理由詳細呈明敬懇
鈞廳查核准將瀾滄設治地點定在猛朗永遠不准變更以資建設而便進
展至於縣署與五局及監獄建築方式及其經費概照繆任呈准圖案預算酌
量變通辦理所需之款除舊存新籌者外計尚不敷現金壹萬元因原定
撥充設治經費之江稅現已奉令取銷而照案凡係撥支地方公益之款取銷
後得專案呈明由省庫照發故已另案計畫呈請一次補助現金壹萬元俾

26

得完成縣治使瀾滄人民有所依歸邊事前途實深利賴尚祈
鈞座調護維持務予照准不勝感禱之至所有縣長呈請確定瀾滄設
治地點各緣由是否有當除分呈
省政府外理合繪具地圖備文呈請
鈞廳鑒核從速示遵謹呈
雲南民政廳廳長張

計呈地圖一紙

瀾滄縣縣長熊光琦

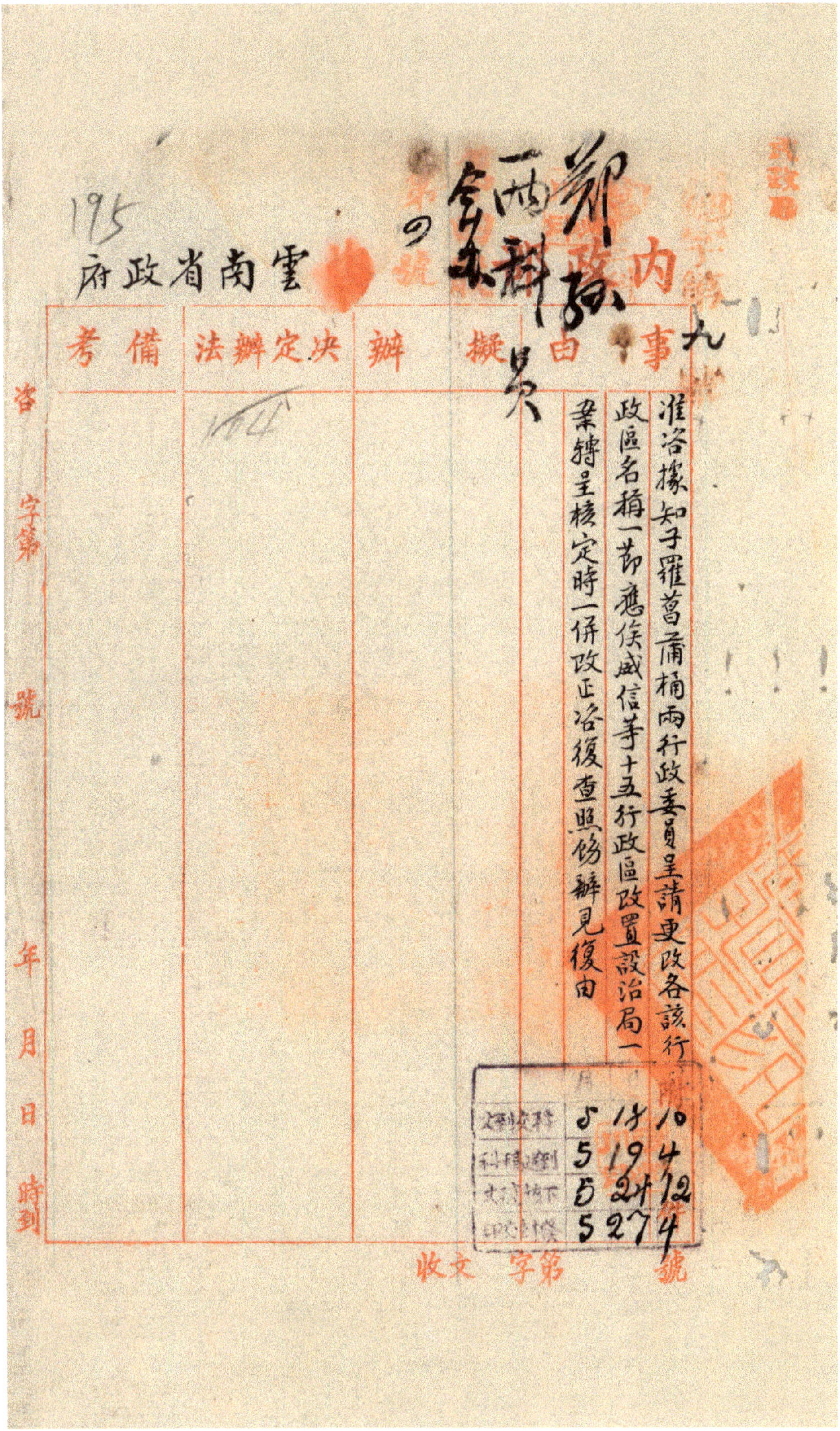

雲南省政府

內政部

事由	擬辦	決定辦法	備考
准咨據知子羅菖蒲桶兩行政委員呈請更改各該行政區名稱一節應俟威信等十五行政區設置設治局一案轉呈核定時一併改正咨復查照飭辦見復由			

咨 字第 號 年 月 日 時到

收文 字第 號

196

内政部咨

民字第五四六號

為咨復事案准
貴省政府本年三月二十六日第七三三號咨以續據
知子羅菖蒲桶兩行政委員呈請更改各該行
政區名稱經省府會議議決將知子羅行政區改
名碧江行政區菖蒲桶行政區改名貢山行政區
抄同新名意義一紙咨請轉呈核定見復等由
准此查雲南省威信猛丁等十五行政區因與現
制不符應即改置設治局本部前准

197

貴省政府本年二月十日第四七零號咨據民政廳
呈復擬遵照中央頒行設治局組織條例將十五
行政區一律改組為設治局擬具雲南設治局辦
事細則轉請核轉備案等由當經本部以民字
第三七五號咨文復請轉飭民政廳從速開明該
十五設治局設置原由設治地點區劃情形繪具
圖說並擬定十五設治局新名呈由
貴省政府核明咨部以便轉呈核定公布俾符程
序咨達查照飭辦在案所有知子羅菖蒲桶
兩行政區名稱自應俟設置十五設治局一案轉

198

呈核定時一併改正除將原送新名意義一紙存
候彙辦外相應咨請
貴省政府查照前咨從速飭辦見復以憑辦理
爲荷此咨
雲南省政府
政務次長代理部務彭學沛

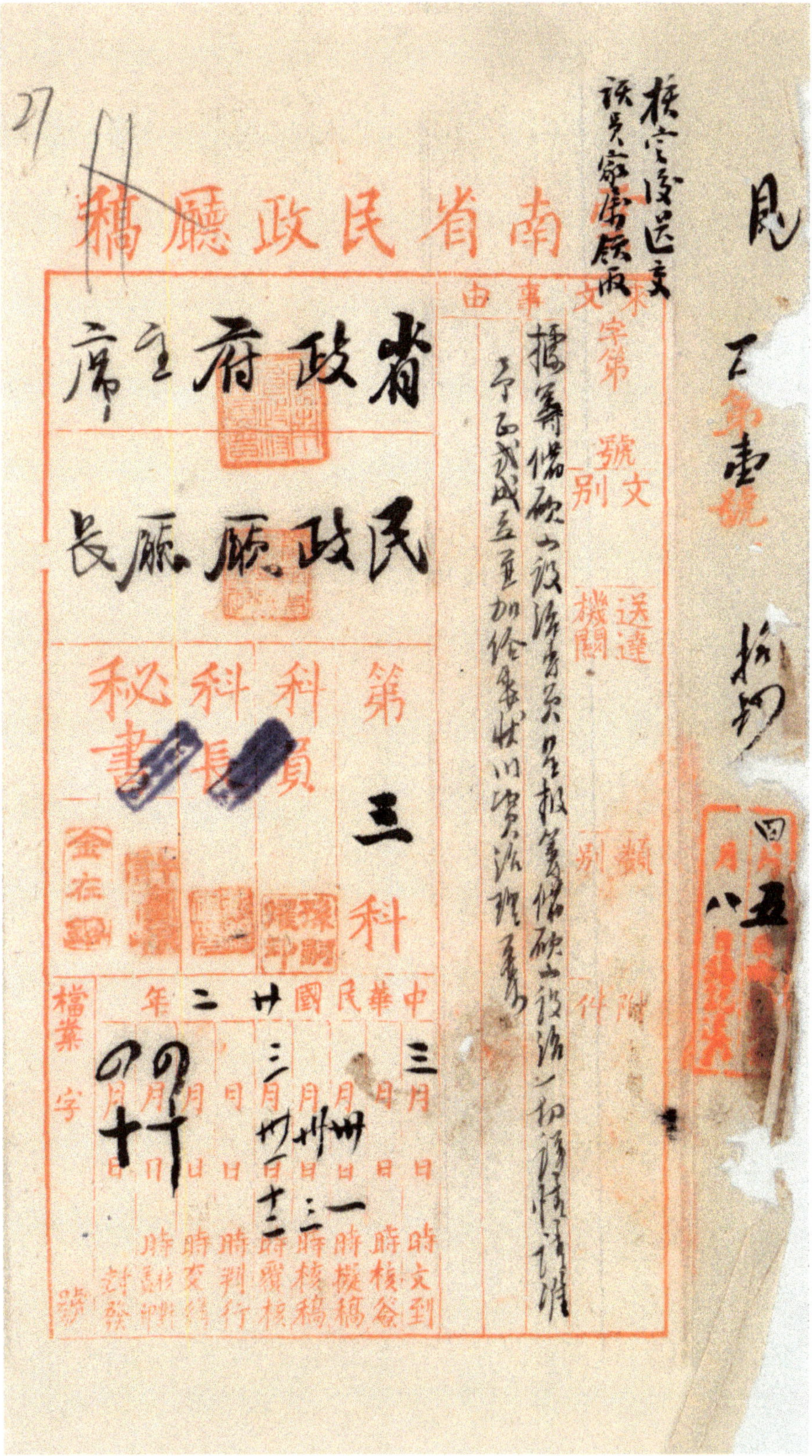

雲南省民政廳稿

民字第壹號

檢抄

來文字第　號

文別

送達機關

類別

附件

事由：據籌備硯山設治局員呈報籌備硯山設治一切詳情請准予設局並加給委狀川資由

省政府主席

民政廳廳長

第三科

科員

科長

秘書

中華民國廿二年

三月　日　時文到

時核簽

時擬稿

時核稿

時覆核

時判行

時交繕

時校對

時封發

檔案　字　號

28

列衛訓令第　號　　收到　歸

令籌備硯山設治籌員陳星煌

為令飭遵照事。案據民政廳簽呈稱：「簽呈為簽請核示事。竊查廳三月二日廳簽呈　鑒核施行附呈廳呈二件、會同硯縣、詳情據此。查此案業據該籌員先後呈報前來，當經簽由該廳核、為去後，茲據簽呈各情，當於三月十七日提經本府第三三五次會議公決，一併抽劃，即成立硯

等语，饬録奉令，除分别训令民财两厅遵照、

呈请

内政部查照转请核定，再行由府依式刊发

关防、暨通饬所属一体知照外，合将任状填

就，随文发下，仰该专员即便遵照查收，分别

办理，但饬将奉到委状及成立设治局日期报查，又设治局关防

未奉到以前，应准暂仍用设治专员关防，以资、

30

信守、切切、此令、

计发任命状一件。

主席龙。

省民政厅长朱。

列衔 咨 第三九七一号

为咨请事、案查前据本省民政厅签呈、

请将汶山县属江耶县佐及广南县属小维

摩县佐两地方、俱因改设（为砚山）设治局、以资治

32

事宜

鉴，请刊发关防一颗，以资信守。等情到府，当於上年

六月廿一日提经本府第三零三次会议议决

一併照准纪录，并分别令饬遵办在案。兹据

该砚山设治专员陈星楼呈报，已会同文山、广

南两县长，将界务勘竣，地方事件筹备就

绪，绘具治城图说，请准予成立设治局，并

加给局长委状、刊发关防，以资治理前来。覆核

33

直隸硯山設治局、係劃撥文山縣江那縣結、及廣南縣西維摩縣結、廣有地方、合併[illegible]組設、東界廣南西疇兩縣、南界西疇文山兩縣、西界文山開遠邱北三縣、北界邱北廣南兩縣、南北約貳佰捌拾里、東西約壹佰伍拾里、全境面積計有一千五百里以上、戶口合計一萬九千左右、人口已達壹拾萬、糧賦一項、每年約征貳仟石左右、以之改設設治局、實屬可能、經於本年三月

34

机、即成立砚山设治局、并委该员（张冀埏）为局长、分别批令民、财两厅遵照、并筹议纯饬文山县随（暨委该设治）

令饬该委员遵照、核明一面、迅即成立设治局、并分令民、财两厅及所属一体遵照外、相应检同砚山地名图说、备文咨请、

贵部查照转请核定、以便由省刊发关防、俾颁、启用、实纫公谊、此咨

35

内政部部长黄

计检送砚山、泸城各图三份

主席龙

列衔训令字第　号

令
建设、实业厅　昆明市政府　铁道保护总局　各县县长　各设治局长
教育厅　第二殖边督办　河口、麻栗坡两对汛督办　外交特派员　林垦烟局
兵工厂　航运使　电政局
造币厂

为通令遵照事：案奉二月朔据民政厅签称

36

於四月一日正式成立役政局、並咨請
內政部查照轉請核定以便刊發關防、俾資啟
用、暨分令民財兩廳及所屬一併遵照外、合行
令仰該○○即便遵照此令、

主席龍○

兼民財廳廳長朱○

37

中華民國廿三年三月　日

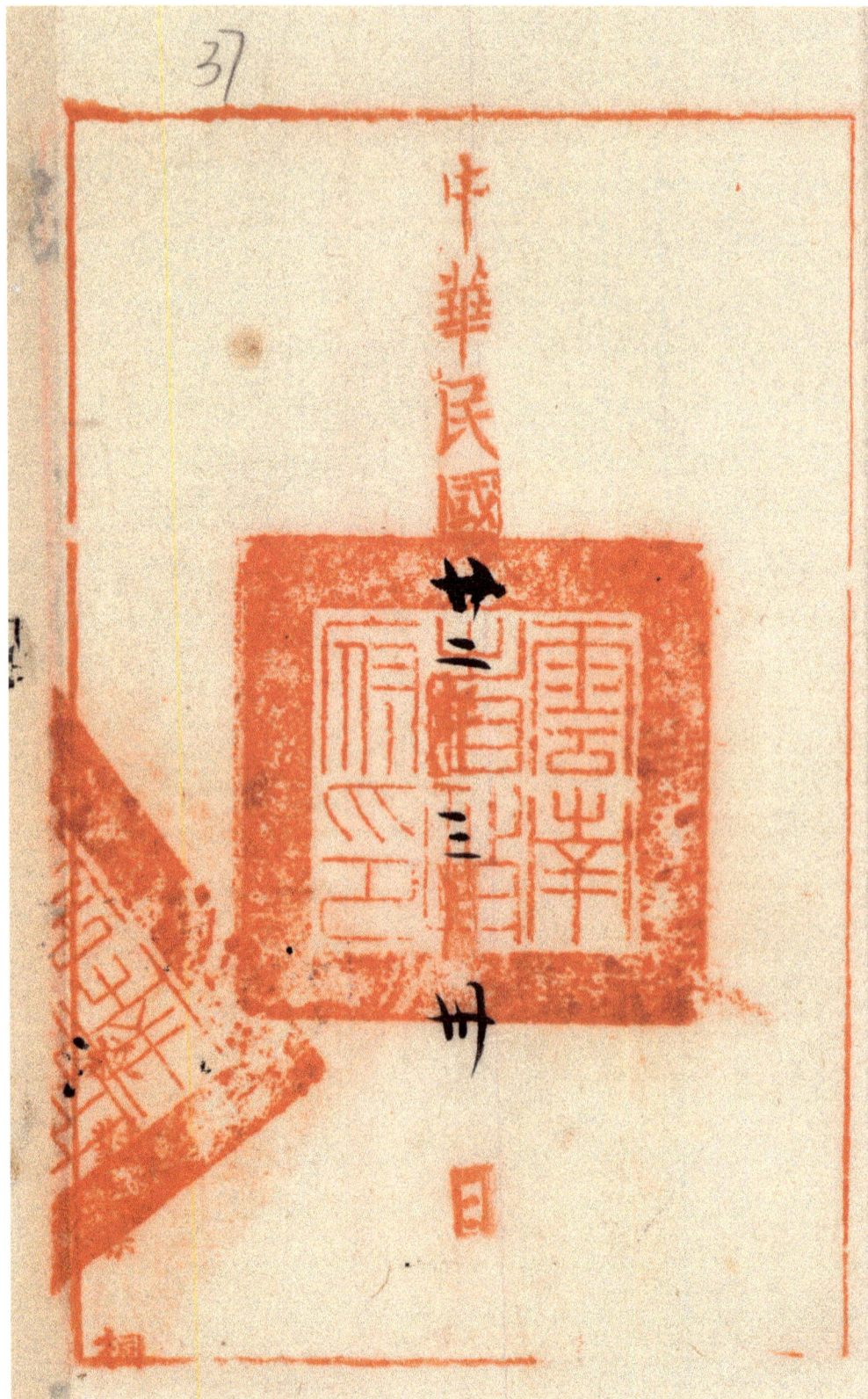

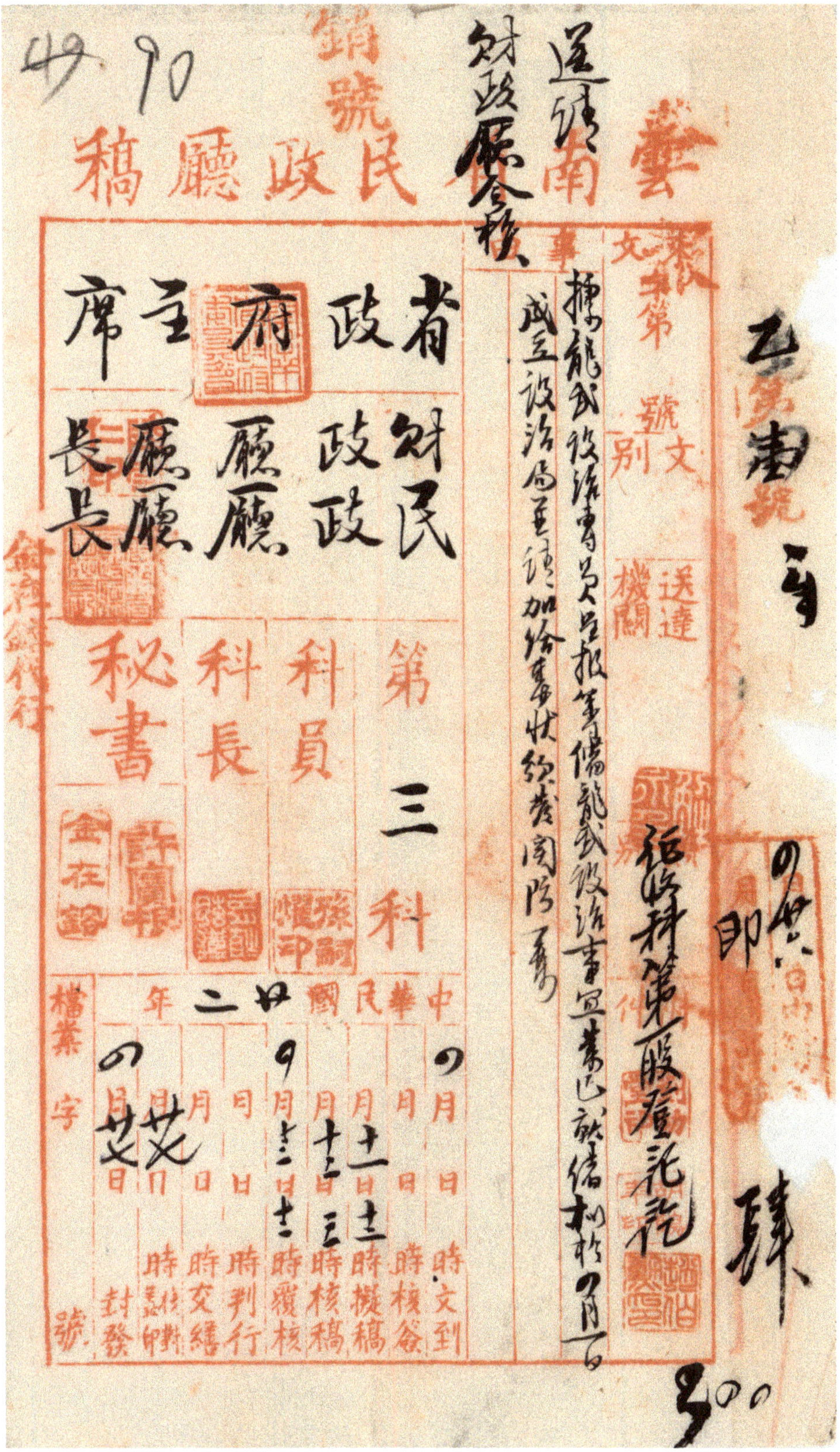
49 90
銷號
雲南民政廳稿
送財政廳會核
文號 第 號
事由
據龍武設治局呈報籌備龍武設治事宜業已就緒擬於四月一日成立設治局並請加給委狀鈐發關防
送達機關
省政府主席
民政廳長
財政廳長
第三科
科員
科長
秘書
中華民國廿二年
文到
核簽
擬稿
核稿
覆核
判行
交繕
封發
檔案 字 號
即日

列衔指令第　　如江　號

令筹备龙武设治事务员万汉秋

呈称：为呈报筹备龙武设治事宜，并已就绪，拟于四月一日成立设治局，并请加给委状，颁发关防，祈核令由。

呈悉。应核办，向并饬民财两厅转饬遵照。据该事务员呈同前情，当以此案既经该事务员上陈资准已准各关系县长将应行划归龙武设治区域之粮赋等项，迅予造册移交清楚，并将所有一切应

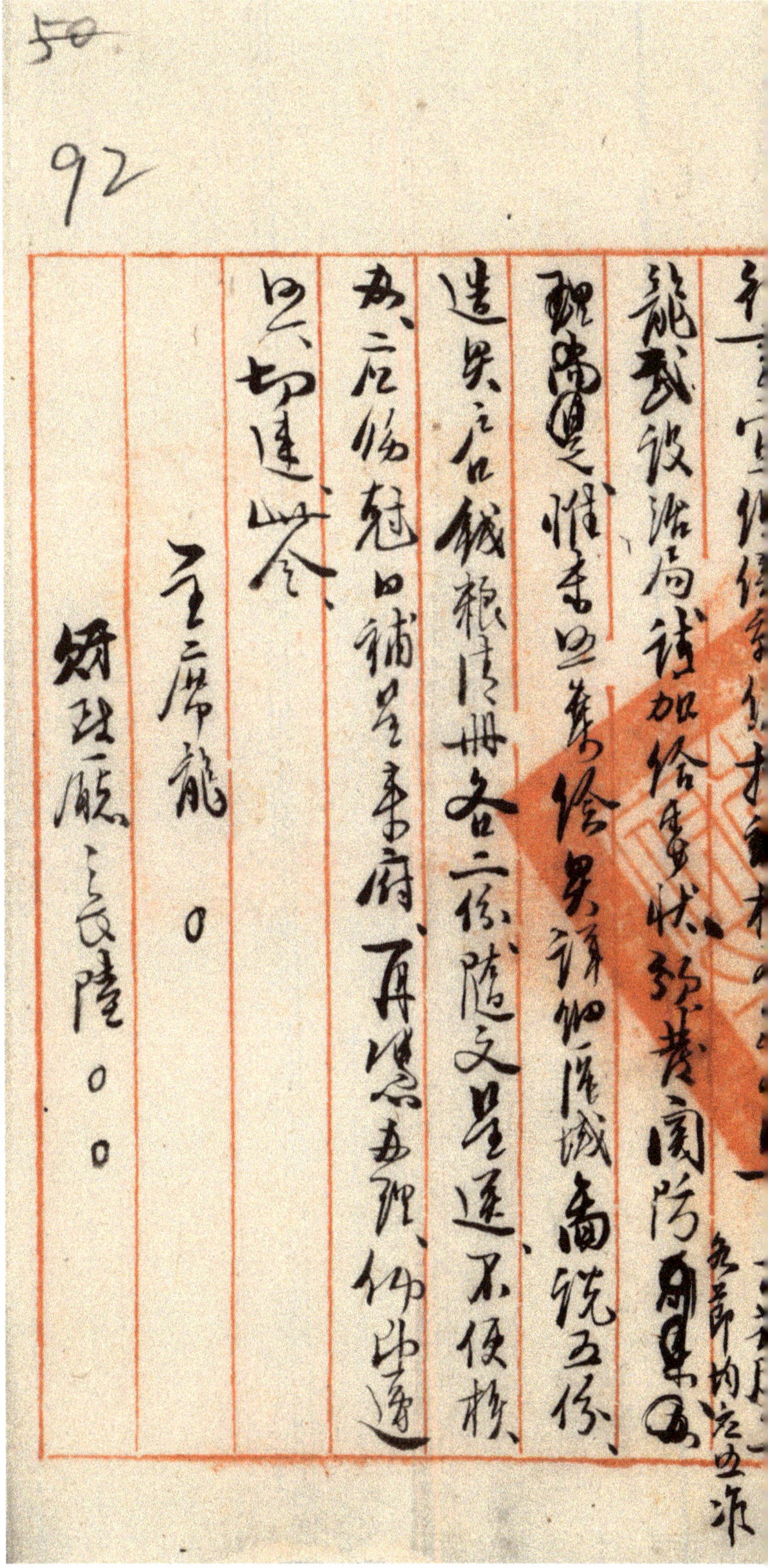

50

92

龍武設治局請加給書狀、經費、團防兩案，

理，應遵照。惟查照案給與詳細擬議編號五份、

造具應否錢糧清冊各二份，隨文呈送，不便核、

奪，應飭該局補呈來府，再憑核辦，仰即遵

照，切速此令。

主席 龍〇

財政廳長 陸〇〇

93

署民政廳々長朱○

民國卅二年四月十一日

民政廳

廿

九

呈

	月	日	時
[illegible]文	4	3	3
[illegible]送到	4	12	4
[illegible]下	4	38	4
[illegible]發	4	27	4

95

呈為呈報事案查奉命籌備龍武設治事宜一案原擬早日成立以求速效詎料隣封各該關係縣長藉故牽延有意留難大有不約而同之勢迨經咨函交催至再至三猶復遷延又遲始行咨交以故曠日持久未能依限完成當將此種情形專案呈請

鈞府俯准展限兩月並聲明無論如何為難務求於此最短期間促其實現以副委任在案惟是此間地瘠民貧自匪患兵燹後地方尤形其苦款絀而難籌勢格而不入此番籌備設治對於一切政事均屬開始創辦事無大小無不極感困難如郵政一端邇月以來雖慘淡經營多方設法奈籌款莫措從何着手無米之炊巧婦難為交通於是乎窒礙消息以之而梗阻然實逼處也莫可如何惟有隨時隨事殫竭愚忱庶幾得寸得尺又咨收[illegible]詞經土築咨催已准各

52

96

該縣僚縣長將關於劃撥區域户口粮賦畝畧各事項先後照案造冊咨交等由前來當將所
有接收賡續辦理各情形逐一分別次第專案呈報查核各在案流光如駛呈請展限之期
行將屆滿所有一切應行事宜業經組織就緒擬請即自二十二年四月一日正式成立龍武設治
局以符原案而策進行即於是日召集各區團保員紳舉行成立兼宣誓就職典禮並一面
佈告民衆一體週知合無仰懇
鈞府俯賜垂察迅予補懸牌示加給任狀並另行頒發龍武設治局長關防以資信守之
處出自
逾格鴻慈一俟接奉新頒關防即將署備專員舊木質關防截角備文呈繳俾昭慎重除

97

分呈外所有擬請成立龍武設治局日期並祈加委賜頒關防各緣由是否有當理合備文

呈祈

鈞府俯賜衡核辦理仍候指令祇遵謹呈

省政府主席龍

籌備龍武設治專員萬漢烁

98

99

中華民國二十二年三月十六日

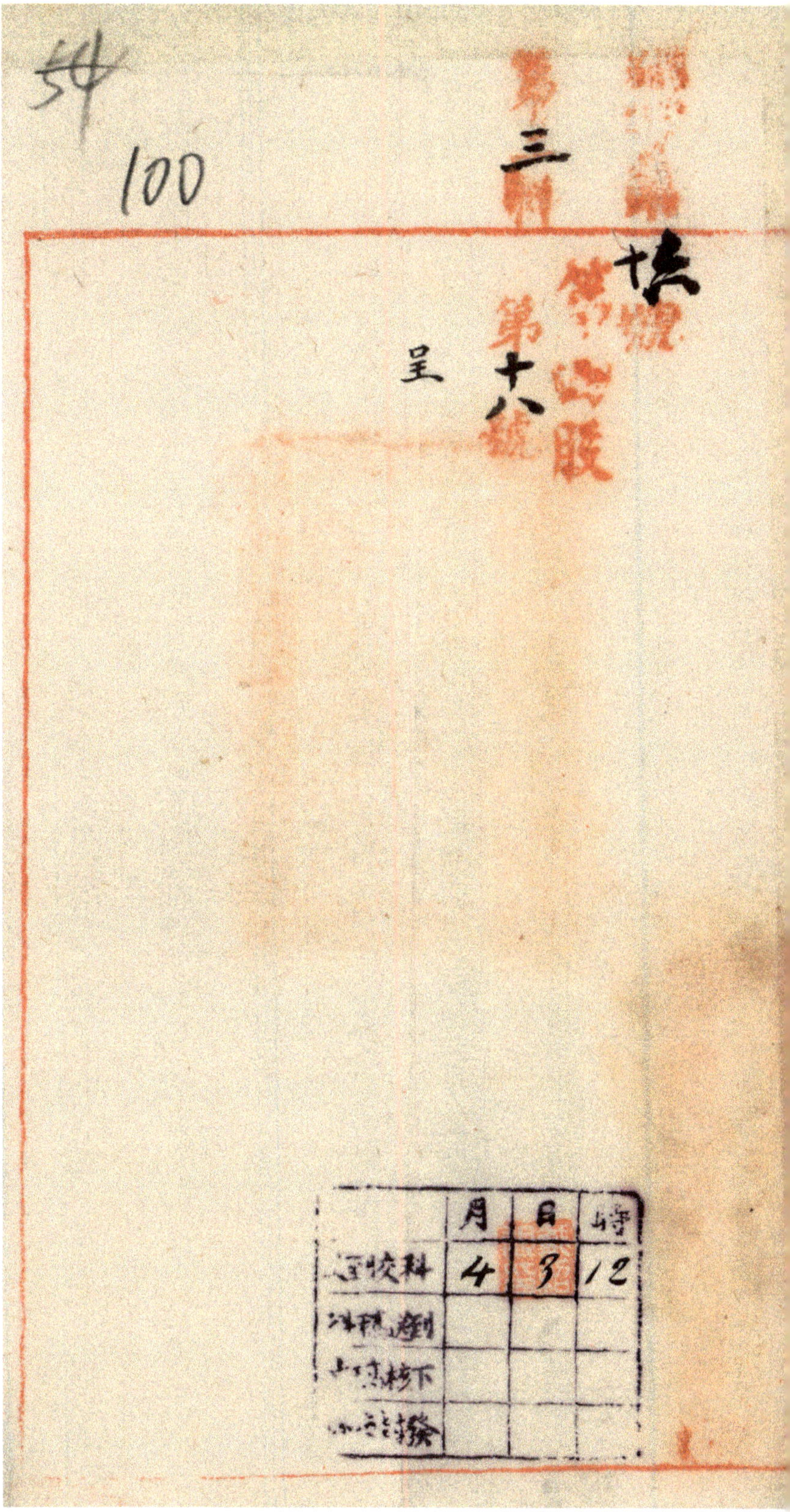

54

100

第三冊

第　號

第十八號

呈

	月	日	時
[illegible]校料	4	3	12
[illegible]			
[illegible]下			
[illegible]			

101

呈為呈報事案查奉命籌備龍武設治事宜一案原擬早日成立以求速效詎料鄰封各該關係縣長藉故牽延有意留難大有不約而同之勢迨經咨函交催至再至三猶復遲之又遲始行咨交以故曠日持久未能依限完成當將此種情形專案呈請省政府俯准展限兩月並聲明無論如何為難務求於此最短期間促其實現以副委任在案惟是此間地瘠民貧自匪患兵災後地方尤形其苦款絀而難籌勢格而不入此番籌備設治對於一切政事均屬開始創辦事無大小無不極感困難如郵政一端邇月以來雖慘淡經營多方設法奈籌款莫措從何着手無米之炊巧婦難為交通於是乎窒礙消息以之而梗阻然實逼處此莫可如何惟有隨時隨事殫竭愚忱庶幾得寸得

55

102

尺略收淺效嗣經上緊咨催已准各該關係縣長將關於劃撥區域户口粮賦畝罰各事項先後照案造冊咨交等由前來當將所有接收賡續辦理各情形逐一分別次第專案呈報查核各在案流光如駛呈請展限之期行將屆滿所有一切應行事宜業經組織就緒擬請即自二十二年四月一日正式成立龍武設治局以符原案而策進行即於是日召集各區團保員紳舉行成立典宣誓就職典禮並一面佈告民衆一體週知合無仰懇

鈞聽俯賜垂察量予維持轉呈

省政府迅予補懸牌示加給任狀並另行頒發龍武設治局長關防以資信守之處

出自

103

逾格鴻慈一俟接奉新頒關防即將籌備專員舊木質關防截角備文呈繳俾昭
慎重除分呈外所有擬請成立龍武設治局日期並祈加委另頒關防各緣由是否
有當理合備文呈祈
鈞廳俯賜衡核辦理仍俟指令祇遵謹呈
兼民政廳廳長朱

籌備龍武設治專員萬漢秋

56
104

105

中華民國二十二年三月十六日

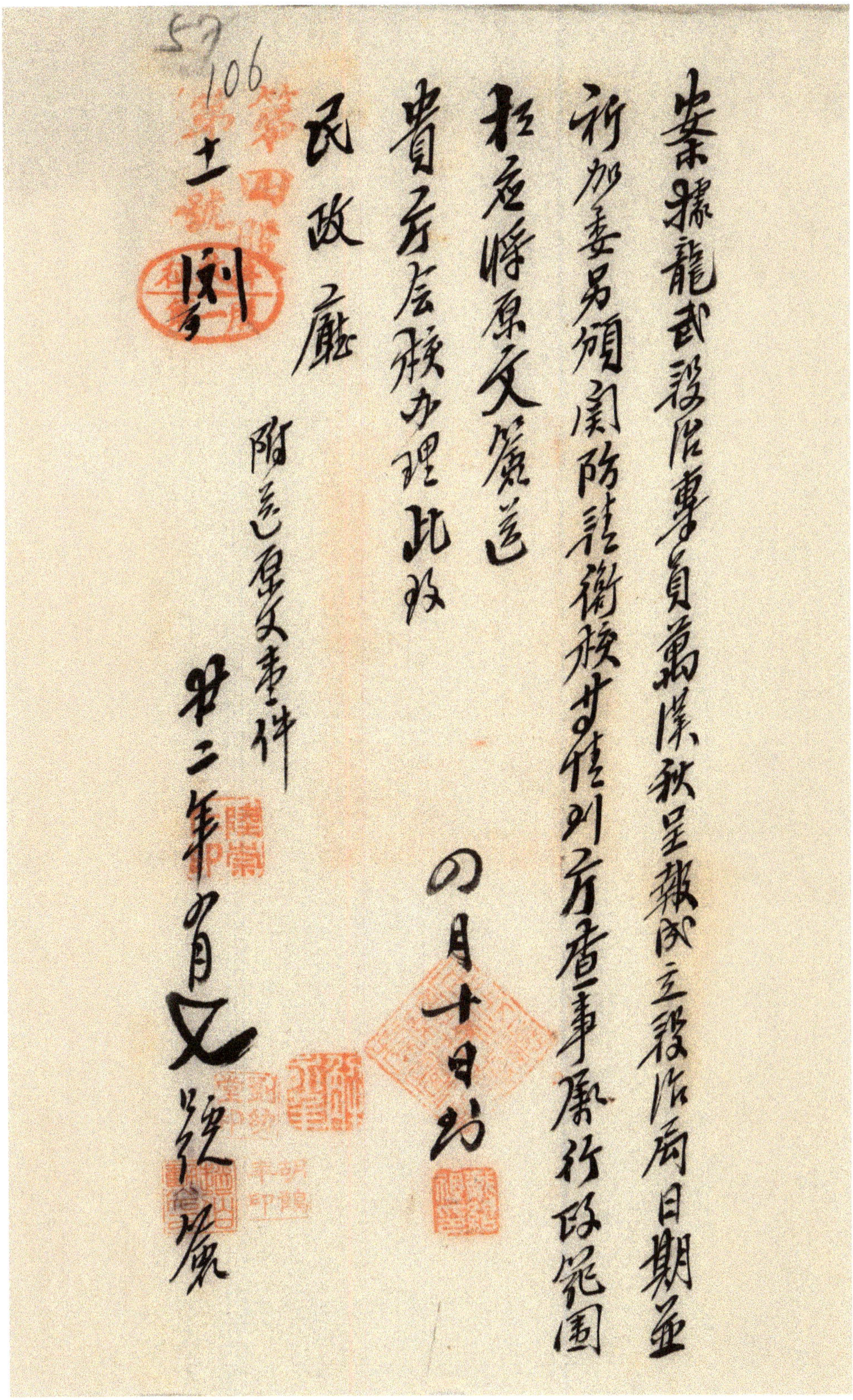
案據龍武設治局專員萬漢秋呈報成立設治局日期並
祈加委另頒關防請轉核等情到府查事屬行政範圍
相應將原文譯送
貴廳查核辦理此致
民政廳
附送原文壹件
四月十日到
廿二年四月　日
第四號
第十二號
57
106

云南卷目录总集·图文精粹

107

事屬行政範圍應送
民政會核辦理
四月五日

108

征收科

第一股

呈

中華民國廿五年四月初四日收到[illegible]時送科

109

呈為呈報事案查奉命籌備龍武設治事宜一案原擬早日成立以求速效詎料鄰封各該關係縣長藉故牽延有意留難大有不約而同之勢迨經咨函交催至再至三猶復遲之又遲始行咨交以故曠日持久未能依限完成當將此種情形專案美請省政府俯准展限兩月並聲明無論如何為難務求於此最短期間促其實現以副委任在案惟是此間地瘠民貧自匪患兵災後地方尤形其苦款絀而難籌勢格而不入此番籌備設治對於一切政事均屬開始創辦事無大小無不極感困難如鄉政一端通月以來雖慘淡經營多方設法奈籌款莫措從何着手無米之炊巧婦難為交通於是乎窒礙消息以之而梗阻然實逼處此莫可如何惟有隨時隨事殫竭愚忱庶幾得寸得

58

110

民略收淺效嗣經上緊咨催已准各該關係縣長將關於劃撥區域戶口糧賦畝罰各事項
先後照案造冊咨交等由前來當將所有接收賡續辦理各情形逐一分別次第專案
呈報查核各在案流光如駛呈請展限之期行將屆滿所有一切應行事宜業經組織就
緒擬請即自二十二年四月一日正式成立龍武設治局以符原案而策進行即於是日召集
各區團保員紳舉行成立兼宣誓就職典禮並一面佈告民衆一體週知合無仰懇
鈞廳俯賜垂察量予維持轉呈
省政府迅予補懸牌示加給任狀並另行頒發龍武設治局長關防以資信守之處
出自

111

逾格鴻慈一俟接奉新頒關防即將籌備專員舊木質關防截角備文呈繳俾昭
慎重除分呈外所有擬請成立龍武設治局日期並祈加委另頒關防各緣由是否
有當理合備文呈祈
鈞廳俯賜衡核辦理仍俟指令祇遵謹呈
財政廳廳長陸

籌備龍武設治專員萬漢秋

59
112

113

中華民國二十二年三月十六日

七

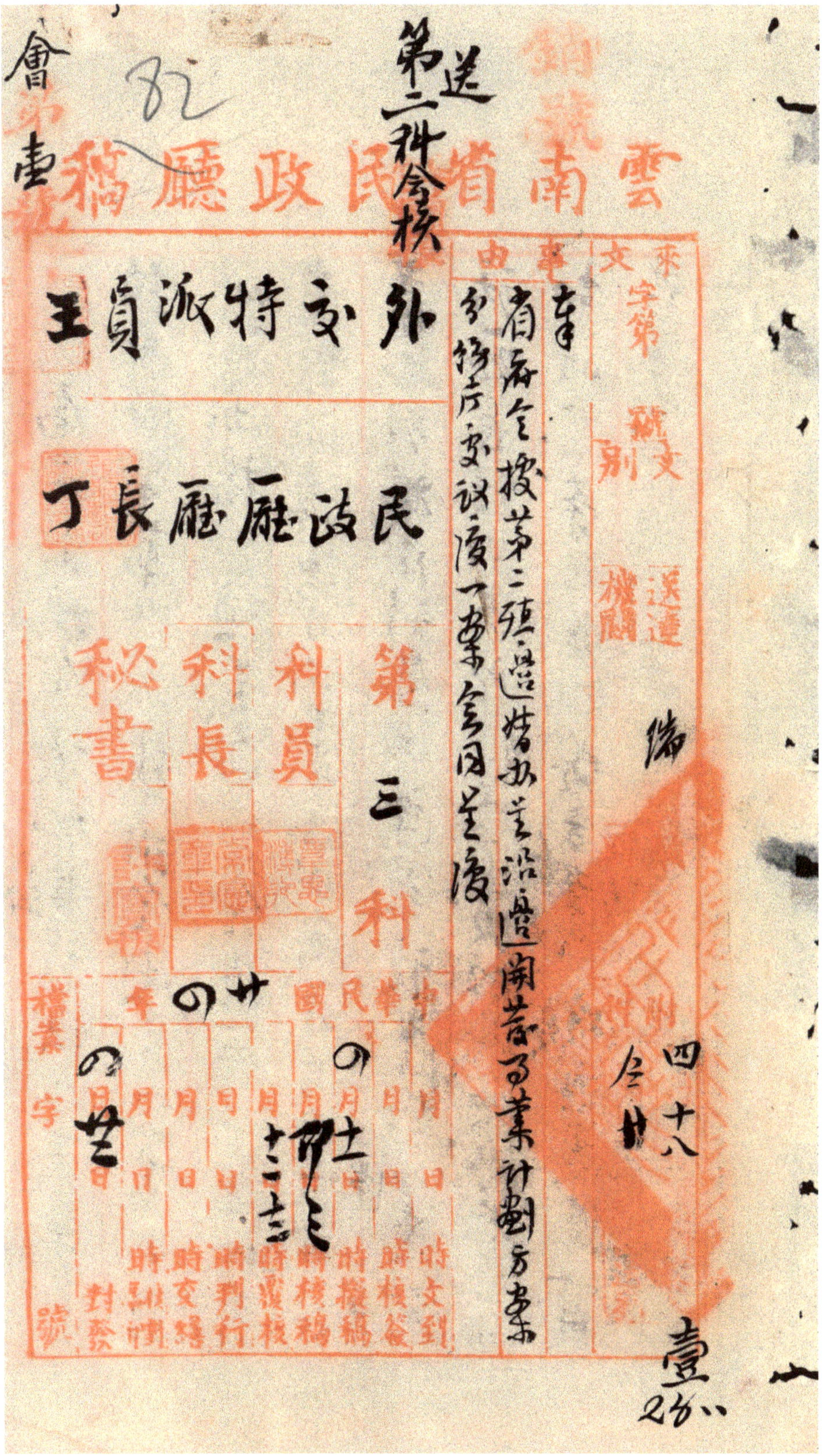

雲南省民政廳稿
送第二科會核
會畫
82
來文字第　號
文別
送達機關
外交特派員王
民政廳廳長丁
事由
令
省府令據第二殖邊督辦並沿邊開荒事業計劃方案
分令修正該件後會議後丁案會同呈復
第三科
科員
科長
秘書
中華民國　年　月　日
四十八
壹

為呈覆遵令議擬簽註，按示事。案奉
鈞府秘字第九一六號訓令開：「案據第二殖
邊督辦楊益謙呈，為奉令出巡經過各縣考
查訪問講演日記彙集編成冊，并沿邊開發各
業分別擬成計劃方案，業經簽核（彙一份）〔一案、送開〕，
送廳長、特派員，即便遵照擬具意見，以憑核辦，
切切，此令。」等因，計抄發方案二份，分交廳處。奉此，自
應遵辦。

84

[illegible]
员徐之琛，曾有将滇越边界由那发以西至李
仙江止，并于蒙自道一段及自李仙江以西至湄
江东岸止，并于普洱道一段，增设对汛之建议，
嗣因袁氏叛国，未遂中止。民国二十年，第一殖
边督办李曰垓，拟于滇缅沿边一带设置对
汛，咨由部交呈请
外交部核办，以问题重大，未克见诸实行。且设

置对汛须由双方将地点办法规定方能着手进行，决不能由一方单独举办，应查照经过界有已定界未定之分，未定界务现正与英人交涉勘划，此时若提议设汛必难办得对方同意，不如俟未定界务会勘案解决后再为咨部提商，方可无虞能底于成也。

又查呈漾县团防一节，查澜沧县第三五八

[illegible]

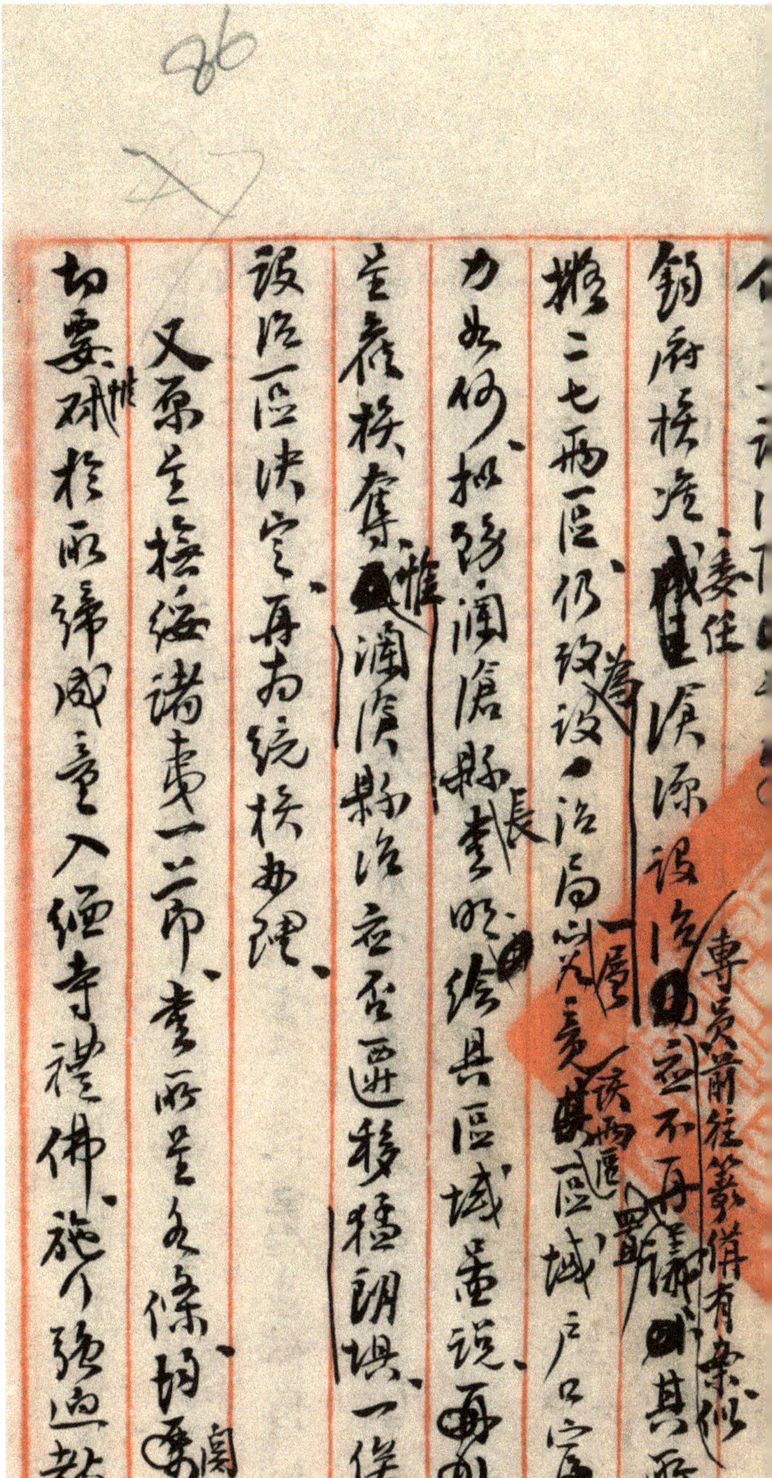

鈞府核准委任專員前往籌備有案，似資源設治局應不再[illegible]其所
轄二七兩區，仍改設一治局，[illegible]區域，戶口富
力如何，擬將瀾滄縣長查明繪具區域並說再劃
並核奪，准瀾滄縣治應否遷移糯扎渡一併
設治區決定再行統核辦理。
又原呈核陳諸點一節，查所呈各條均屬
切要，擬[illegible]入緬寺禮佛、施行強迫教

育及特编李一校宜南学校两条，未免操之过急，盖夷民头脑简单，迷守故习，牢不可破，若遽于强迫，禁遏过甚，反致激而生变，治夷之法，要在体察情形，因势利导，一面施以相当教育，启迪智识，一面务予保留旧有习惯，以安其心，一切政令，自易推行。其余各条，亦饬该县遵照分别筹画办理。

又原呈请遴选官一员，即专办本省任用边地文吏及其服务

暂缓，俟简章呈经核定，饬县拟议奉

鈞府[illegible]原呈鑒意見[illegible]擬[illegible]大致相同，應請暫不再議，
所有核議緣由，是否有當，理合會同具文，
呈請
鈞府鑒核，飭遵。謹签呈
省政府主席龍
外交部駐滇特派員王○○
民政廳廳長丁○○

中華民國卅四年四月十一日

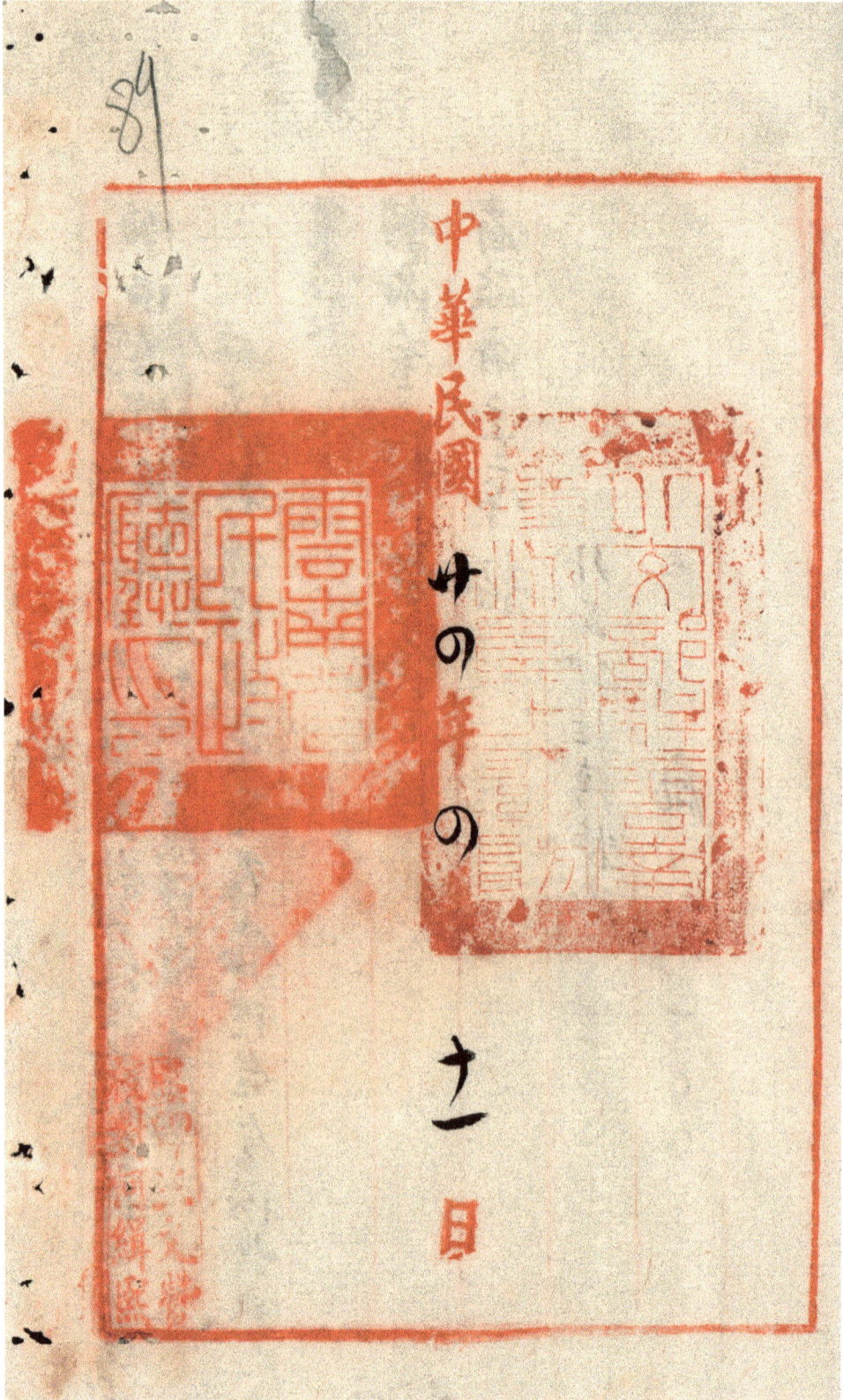

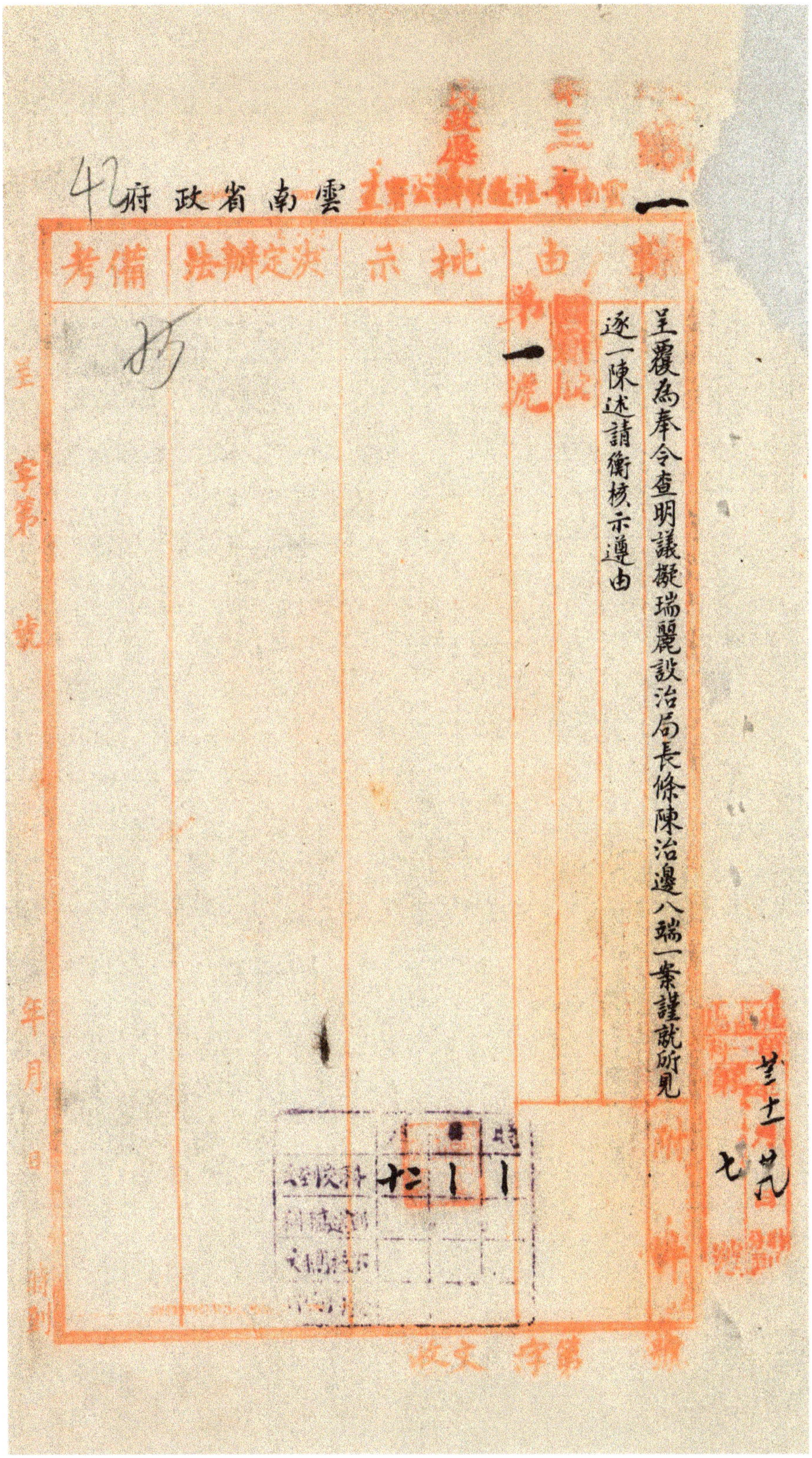

42 雲南省政府

事由	批示	決定辦法	備考
呈覆為奉令查明議擬瑞麗設治局長條陳治邊八端一案謹就所見逐一陳述請衡核示遵由			

呈　字第　號　年　月　日　時到

收文　字第　號

案奉

鈞府訓令第七零五三號開：

「為令飭查覆事：案據瑞麗設治局長廖彬呈，「為擬具整飭邊務條陳，懇請鑒核採納」一案……略……合將原呈令發，仰該督辦即便遵照，查明議擬具覆，以憑核辦，切切！此令。」

等因，計發原呈一件，辦畢繳。奉此；查原呈所稱各節，皆屬題中應有之義；惟第一項改設縣治；其實行之先決問題，非有相當之款項，相當之兵力不可，集各土司之收入，以充行政經費，固有餘裕；但此種改革，非可口舌文告生效，亦非可以短時期整理就緒，處此時機，應否採取急進方針？

第二項籌建公署：查此案曾據前隴川設治局長趙家藩呈由本署核轉，旋奉

鈞府第五八九六號訓令，飭即遵照辦理，當經轉行所屬各設治局，將修建衙署經費地點，切實估計，繪圖貼說呈覆在案，應俟各該設治局呈覆齊全，再行彙案轉請統籌辦理。

第三項發展交通：查此案前准建設廳咨，奉

鈞府發下，據遮放副宣撫司多英培，呈報修築汽車路一案，請就近核明所呈一切情形，迅予見覆，以憑議擬，等由，過署；當將關於邊地籌修公路要著，及各土司現已修成汽車路若干段，遂一聲叙；並以與其令各土司萬努齊發

，漫無統紀，何如由
政府統籌計畫，使各土司在政令之下，分頭致力，庶幾體統事實，兩可顧全。
等語，覆請建設廳查核見覆施行在案；俟建設廳核定辦法，咨覆至日，自應督飭認真辦理。

第四項派隊屯邊；查邊地駐兵，自屬切要；但本署直轄之游擊隊，名額祇有此數，凡遇沿邊各設治局需要兵力，據報立即飭令開拔前往，其力量僅能頭痛顧頭，腳痛顧腳；若欲指定地點，常川駐紮，實屬不敷分配，應請令行該局長，趕緊練團自衛，并請 令行團務督練處，查照本署請撥團槍伍百枝原案，提前辦理，庶各設治局均有防邊實力。

履歷可以
查備核之
亦未定設

第六項檢定土幕：查土幕攬權，由來已久，但此案前據該局長呈
請到署，當經分令沿邊各縣局，以後土司聘用土幕，須取具詳細履歷呈轉本署
查核在案；茲所呈土幕資格，應歸民政廳檢定之處，亦自可行。

第七項培養師資：查開化邊地，重在推廣教育，推廣教育，應先培
養師資，自是一定不移之理，但所呈騰龍一帶之人，能操擺夷、山頭、㹢㹢、
崩竜、阿昌、各種語言者不少，督辦生長是邦，未敢深信；竊謂邊地教育，
應責成各設治局，督飭該管各土司，設法廣籌經費，一俟經費籌定，然後量
力辦理，較為實在。

第八項實邊保界：查所呈移民實邊，以及減輕門戶，取銷禁令等

項，非俟威信樹立，政令暢行之後，均未易辦到；至墾荒種樹，因地制宜，自是邊官應盡職責。二

以上八端，謹就所見逐一議擬，是否有當？理合具文呈覆，并呈繳原呈，懇祈

鈞府俯賜衡核！

指令祇遵！

謹呈

雲南省政府。

計呈繳原呈乙件。

48

中華民國二十三年十二月十六日

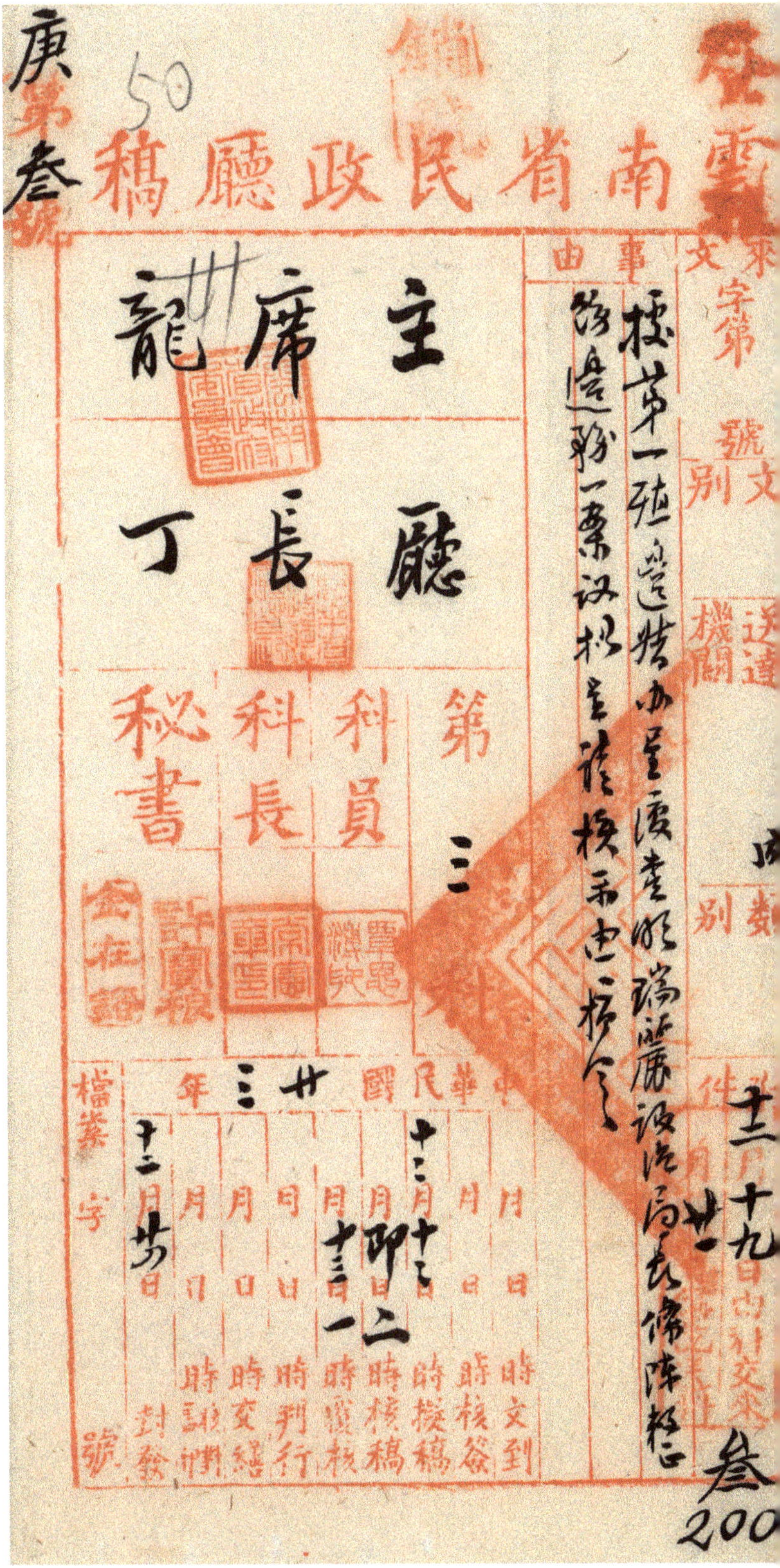

雲南省民政廳稿
庚 第叁號
50
來文 字第 號
事由
送達機關
主席 龍
廳長 丁
第三科
科員
科長
秘書
中華民國廿三年
月 日 時 文到
月 日 時 核簽
月 日 時 擬稿
月 日 時 核稿
月 日 時 覆核
月 日 時 判行
月 日 時 交繕
月 日 時 謄對
月 日 時 封發
檔案 字 號
叁
200

51

列銜指令第二三〇一號

令第一殖邊督辦李曰垓：

呈一件，為呈復查明瑞麗設治局長廖彬呈

為擬具整飭邊務條陳，請鑒核採納

一案，並令議擬移核示由。

呈悉。查原呈三、六、八項所擬，應准留備採擇，其

餘各項，既據該督辦查明正在進行之中，並令逕由該督辦

候各主管機關專案核覆，仰即並遵照。

[illegible]

52

麗設治局長遵照將原呈存收歸檔此令。

主席龍〇

民政廳廳長丁〇〇

廿

民國廿三年十二月十七日

校對何錫熙

查所陳不為無見，應飭該局長以邊務擴傳諭土舍頭人到所集會，議如何改設縣治，並即查所指各土司地應如何劃分，陳述裁縣之户口各有若干，財政狀況大概如何，縣治駐所應以何處為宜，其他各項應行如何分別緩急詳為籌辦理，擬一併令飭第一殖邊督辦就近切實查明，議擬具復，以憑核辦。當否，敬祈

鈞核示遵。

為燦

54
呈
月 日 時
文到交科 9 6 12
9 14 4
10 1 4

55

呈為擬具整飭邊務條陳，懇請鑒核採納事：

竊查沿邊司地，位居邊徼，毘連英緬，鷹瞵虎視，其阽危之處，實不亞東北，反觀我境，事事落伍，以言政治，則土司疲玩；以言經濟，則民生凋敝；以言建設，則交通梗阻；以言邊防，則兵力單薄，概而言之：無一非積極整頓，不足以挽此危局。語曰：「見兔而顧犬，未為晚也；亡羊而補牢，未為遲也」。雖然，往者不諫，來者可追，局長身膺邊職，謹將愚見所及，擬具整飭邊務辦法，竊

56 111

然我

鈞長分別瀆陳之：管窺之見，未知有當於萬一否。

一改設縣治　自民國肇造，土司世襲之制，已不適用。查騰龍沿邊各土司，前分屬騰衝龍陵管轄，自經李

師長印泉到騰，稟請

政府分設彈壓委員；後雖改設行政，一切行政司法財政之權，仍歸土司把持，土民遺傳性深，只知畏服土司，而不知尊重漢官，各土司素性穩冷狠，只顧私利，不

顧公益，辦事則因循掣肘，對民則暴斂橫征，名隸漢官，實則反為所屬，卒至無政可行，無事可辦，今後為撫綏邊民，整飭邊政計，莫若將沿邊一帶之干盞猛隴芒怕羅瀘各行政區及南甸耿馬孟定各土司，分區歸劃，改設縣治，以謀改善之辦法。擬請倣效英緬對待沿邊各土司例，存名棄實，優給養贍，所有行政司法財政，一律禁止干預，並不得門攤户派，以蘇民困，若查有上述情弊，仍遵特革下，停發贍養費，

58 45

政府發給執照，以資管業，而示優厚。至於設治經費，
在未清丈以前，仍照英緬例暫收門戶應用，除解
政府及津貼土司贍養費外，撥作地方財政，俟將來
清丈後，即實行按畝升科，以昭劃一。譬如南坎一隅，
向多荒蕪，自經英人整頓後，建遮庸（即街子）修馬
路，縱橫不過二十餘里之地方，其居民已達二千戶以上，
全年收入，數在印洋數萬。我國政治，素尚寬大，歲

59

入歲出，自無不足之虞，則邊民既可減輕土司之負担，政治亦可望發展，邊防得以鞏固，誠一舉而數善備矣。或謂土司乃功臣後裔，改土歸流，易惹糾紛，而不知土司之所以魚肉土民，土民之所以畏服土司，正以其有世職耳。今俯順民意，改設縣治，而各土司亦得安坐而食，似不足為慮也。

二、籌建公署　查猛卯在初設行政時，因瘴毒太大，草治猛卯，無地可居，乃越龍川而寄昔散[illegible]入，以置

60

猛卯毗連英緬，東西南三方面，與英屬精弄、貴概兩廳相連，界務爭執，不時發生，前英人私立無字界樁，侵佔猛地甚多，三角地租，前有七年未繳，迭經歷任呈請交涉有案，英方竟置而不理，而設治局所遠在臘撒，備防範稍疏，易釀糾紛。是以前委丁芝庭任内，籌款在弄島佈置局所，以資鎮攝，並在弄島駐紮，以開其端。於是前卸局長馬樹藩及職相繼在

61

吴島打雨水。惟猛卯係屬極邊瘴鄉，非可久居之地，勢不得不籌措經費，另建公署。茲查有崗壘地方，縱橫不過數里，居民二三十户，地居猛城之北，負山面城，地勢雄峻，氣候涼爽，四季適宜，距猛卯城二三十里，原係猛卯屬地，後因猛隴土司互起爭執，連年不休，奉令劃歸騰衝縣管理，折衷解決，藉息爭端。但此地孤懸天外，前奉令整頓飛來地，擬請將崗壘劃歸孟卯，以備作設置行政公署之用，而地

前奉　第一殖邊督辦令飭擬具建築瑞麗衙署圖說及經費，當經擬呈請祈核轉有案。將來再加以人工之培植，交通之發展，修車路，闢市街，地當猛隴衙道，誠盡善盡美之地點也。

三發展交通　查沿邊各地，夙稱交通閉塞，行旅裹足，平時如此，有事可知。現今英緬卡路，四通八達，由緬京瓦城到格薩數小時，到密支那亦數小時，即到腊戍，

63

亦僅火車一日，近更有由腊戌修築卡路直抵新街之舉，此路築成，南坎將為腊新鉄路之中心點，沿邊各地，若不積極發展交通，危機四伏，

政府一時既不能駐重軍於沿邊一帶，然大修沿邊卡路，雖無駐軍，朝有事，而夕可至，亦未始非鞏固邊防之一助也。現在各司競築汽車路者，比比皆是，惟鈌乏遠大之眼光，不過馳騁娛樂，消遣時日而已，至於實事求是，抱有整頓交通，鞏固邊方者，職見台下[illegible]

64

惜乎所築車路，由芒市而抵英屬南坎，不通内而通外，一朝有事，徒以資敵，擬請嚴令禁止。查現在各司，既經修築車路，務須歸實用，不得濫用民力，擬請通令所屬轉飭各土司，既熱忱修築，務須呈請派員實地測量，將境内路線建築完美，路基敷以石沙，路旁培種樹木，互相聯絡，遵照

建設廳所擬全省公路計劃圖指定路線，啣接為一，貫

65

成一線，如猛卯修接遮放灣丁河，以接遮放而達芒市，進而至龍陵，更由猛卯修而抵隴川以至干崖，而接南甸，以達騰越，分工合作，同時並進，在最短期間，各司地之汽車路，當可完全互相通行矣。

四派隊屯邊　查沿邊各司，未駐重軍，兵力單薄，政務廢弛，對內對外，為人輕視，以現在論，除干崖盞達南甸各司地，駐有保商大隊隊兵數十名外，其他各司現無省軍駐防，即以孟龍兩司地而論，在蒜青太平，龍

界地之崗壘亦然。查猛卯相傳前在明末王尚書驥
征麓川時，因防範木邦緬人入寇，建有猛卯磚城一座，
在當時尚有擇猛卯建騰衝城之議，後以瘴毒太大之
故未果；其重視邊地也若此。職意猛隴比鄰而居，地
貼強鄰，行政設施，又感辣手，推其原因，不外漢官權
力薄弱，土司擁兵自衛，有恃不恐。擬請
政府或派省軍，或令飭騰衝第一殖邊督辦署撥派

游擊隊一部份，常川駐紮，其駐紮地點，夏秋以杉木籠崗壘兩處為駐紮地，春冬則移駐墳子，凡一切剿匪防邊之事，概由隴川瑞麗兩局長監督指揮，既可增加行政之效力，又可維持國家之威嚴，亦未始非鞏固邊防之一助也。

五安設電報　查地方文化之促進，視乎交通之發展，以為斷，故泰西各國，對於交通，異常重視。查職屬瑞麗，接壤[illegible]面，地連緬部，對於交通，[illegible]

68 册

警惕於心，而職區相隔省垣，二月有奇，一旦發生不幸事件，或緊急要事，呼應不通，束手無策，返觀英緬交通之設備，不特郵政電政全備，即汽車路亦早已通達沿邊，而我方則固步自封，莫由發展，實為邊疆之一大缺憾。自民國二十二年蒙
鈞長贊助提倡郵政，由是郵政成立，商旅為之慶幸，政令因而暢行，近日英緬南坎商人，因於美烏投遞信

件，郵資倍減，傳達敏速，於是皆傾向美島郵局投遞，而目前英屬南坎，中屬美島，双方郵信，更可直寄，不必再繞新街轉密支那，而寄發騰衝投遞，省費便捷，莫善於此。故美島郵件，每關遞增，現已奉准改設代辦所。以甫經開辦之郵櫃，有如此成績，實為難得，郵務之效率如此，而電政之效率又何獨不然。且英緬電費，較我方電費，每字增加十倍，（每字合印洋三安

70 卅

省府核奪，令飭電報局酌設；其路綫由盈江至小辛
街通達户腊二撒，繞隴川以達瑞麗弄島；其電桿可
採用大竹，由沿途所經司地供給；其經費方面，除由
電報局電費收入，及
政府津貼外，如有不敷，可援照郵政辦法：以一半由
電局負担，一半仍由猛隴兩司及設治局分攤担任辦理，
惟發報機及受報機，須由電報局購置安設。將來消

息靈通，
政府對於邊情，得深切明瞭，党國實利賴之！所以設置電報局，誠當今之急務，為傳達政令計，為繁榮商場計，為鞏固邊防計，皆非積極趕辦不可。

六檢定土幕　查各司對於
政府功令，疲玩已極，奉行不力，經年纍月，置之高擱，任何催促，任何誨戒，即片紙隻字，亦少呈覆，呈

72 卅

政府寬大為懷，以示優待之至意，考其原因，其中土幕攬權，亦不無關係。當此訓政時期，

政府勵精圖治，實施縣政建設三年實施方案之際，縱一時礙難改土設治，不得不謀補救之方，以期振刷精神，而警疲玩，雖然；現在司地政務，固非頭痛醫頭，腳痛醫腳，所能起救，然針鍼相對，對症下葯，對於土幕聘用，不得不審察檢定，以資慎選。職以為以

後土司聘用土幕，須取具該土幕履歷表，呈由各縣
局核轉
鈞廳檢定合格者，方得聘用，庶困難解除，邊政
日臻上理。
七培養師資　查騰龍沿邊一帶，各司地之初等教育，
除南甸干崖盞達猛戛稍具規模外，其他各局司地，多
固步自封，文化落後，當此推行自治之初，對于邊地

政府提倡邊地教育，而各土司則施行愚民政策，暗中阻撓，即畹頭頭人，亦暗禁接近漢官，在土司心理，只要土民上門户而不顧其受教育；且沿邊司地民族極其複雜，有玀㑩、山頭、傈僳、崩童、阿猖、漢人之分，而玀㑩又有水漢玀㑩，山頭又有大山小山，漢人又有新舊漢人之別，五花八門，不一而足；而各民族有各民族之語言文字，如集合一堂而教育之，勢有不能；

75

識以充當邊地師資者，對于邊地各種語言，應有切實之認識，則講授不致感受困難，然此等人才，不可謂絕無，騰龍一帶之人，能操其語言者不少，

職意擬請

政府或在省城，或在騰衝，籌設邊地師資訓練所，招考熟習邊地語言者，入所訓練，畢業後分派指定邊地各縣局充任教師；同時將沿邊司地各晥冡房

76 卅

不至如今日之毫無辦法也。

八寶邊保界　查沿邊各司，地廣人稀，限於烟瘴，未能開發，誠由土司橫征暴斂，門戶太重，且火頭頭人晥頭土司層層剝削之故，以致邊民逃往緬地者，時有所聞，因地土歸土司享有，人民不得買賣，亦不得建築瓦房，故土民不事生產，不謀積蓄，所種田畝，僅足供一年之食用而已；而土民生活，異常簡單，住則蝸居草屋，

77

食則菜根土器，若不加整頓，難望進化，整頓之法，首在減輕門户，取銷禁令，使財產私有，增加鄉土之觀念，建築瓦房，改善所處之環境，而富厚之土民，不致再有作擺（即會）當怕憂（即大善士）以為無上之光榮，而犧牲無數之金錢之迷信舉動也。同時他方面移民邊地，發給耕牛籽種，以事墾殖，秋種禾穀，夏種豆麥，銷運英緬南坎新街一帶，則利源闢，而地盡其利也。況猛卯地土肥沃，荒地不少，將來[illegible]平原之地[illegible]

78

[illegible]
入不菲，同一填子，南坎山方面既可種茶，猛卯崗壘一帶
想亦適宜。一面職擬與猛卯代辦土司刀保圖，實現以前
另闢美島新市場之計劃。蓋將來英屬臘新鐵路築
成後，美島與南坎隔江遙遙相對，將一變而為通緬之
一要道，對於國際觀瞻所繫之故也。
綜上所舉八端：概就事實之需要，行政之便利設想，否
則邊務難以改善，何由收設治之實效，誠以邊防任重，

79

國體攸關，未雨綢繆，有備無患，職不才承乏瑞麗，秉性耿直，緘默難安，對於邊情畧知一二，為敢敷陳下情，上瀆

清聽，伏乞

鈞長俯賜鑒核採納施行，批示祇遵，實為公便。除分呈

省政府外，

謹呈

雲南民政廳廳長丁

80

81

民國二十三年八月十一日

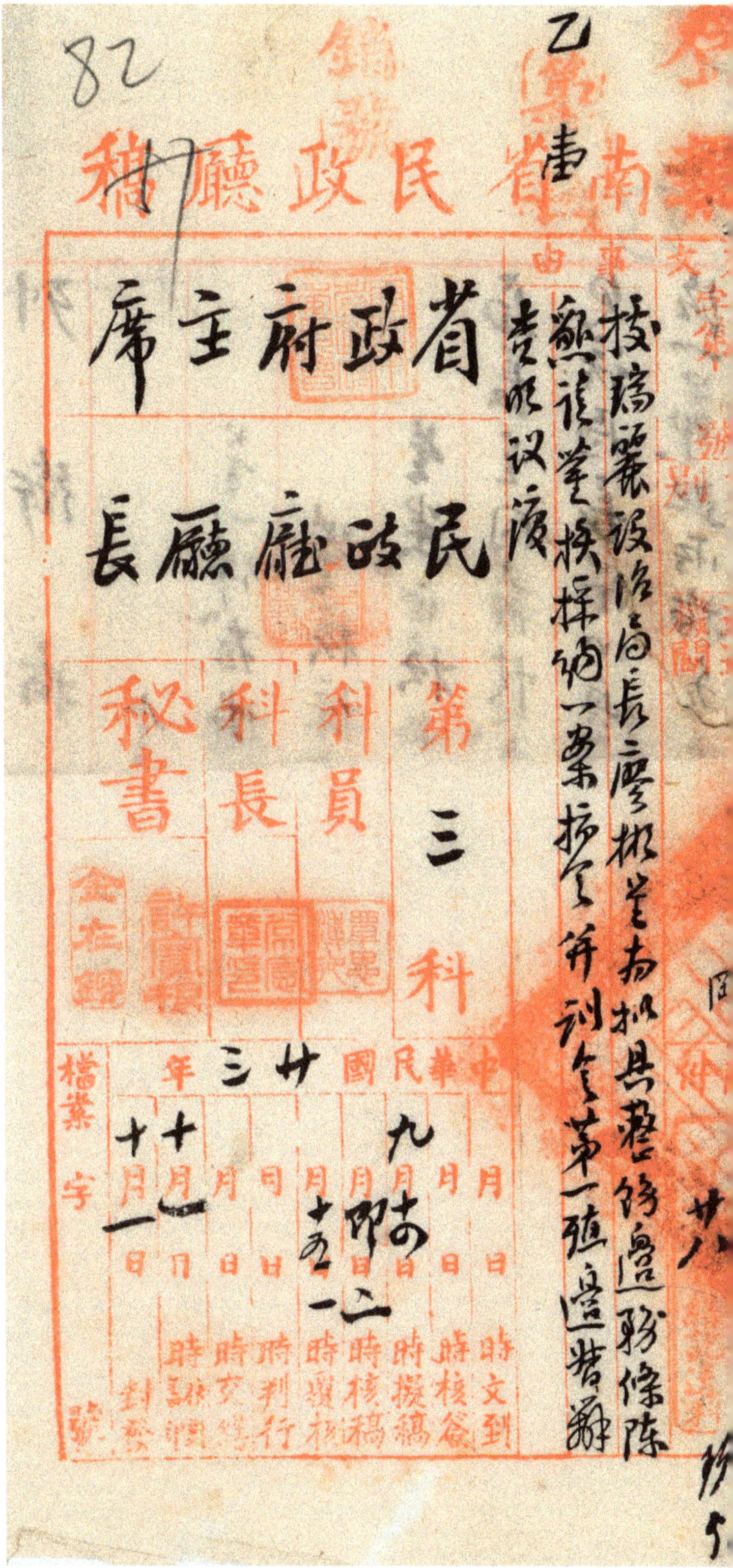
82
乙
銷號
雲南省民政廳稿
省政府主席
民政廳廳長
第三科
科員
科長
秘書
事由
中華民國卅三年
九月
十月
文到
核簽
擬稿
核稿
判行
封發
檔案字號

83

列衔指令第2082号

令瑞丽设治局局长廖梓

呈一件，为拟具整饬边务条陈，恳请

鉴核采纳由。

呈悉。正核办间，并据民政厅转呈，据该

局长呈同前情，查所拟条陈均属切要，足

见该局长留心边务，殊堪嘉慰，据设县

治一节，迭经指令土司地应如何划分，总成督

84

[illegible]

係縣治縣屬地點、應以何處為宜、其他每項

應先行分別緩急、次第辦理、仰候令飭第一

殖邊督辦就近切實查明議擬具復、以憑核

辦、該局長對於本年指查要節、如有補

充意見、着即呈由第一殖邊督辦核轉、以備

採擇施行、合併飭遵照、此令。

主席 龍

85

民政廳廳長丁〇〇

列銜訓令第　號

令第一殖邊督辦李曰垓

爲令飭查復事。案據瑞麗設治局

局長廖樾呈，爲據具稟邊務邊務條陳懇

請簽核採納一案，迭據呈由民政廳轉呈到府，除以呈悉，錄前指令

併飭道尹等因，指令外，合將原呈令發，仰

該督辦即便遵照具[illegible]

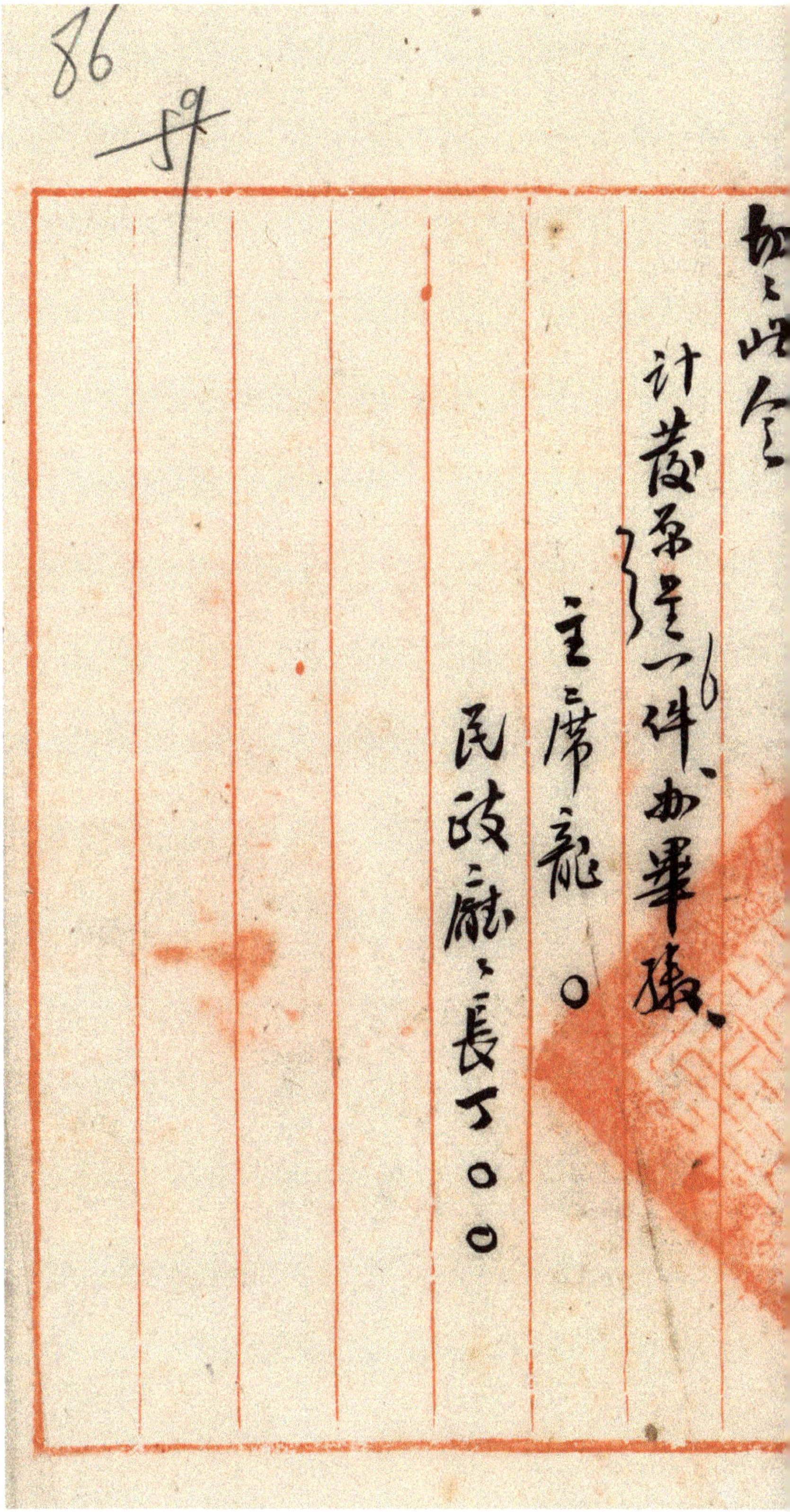

86
59

切切此令
計發第三號證一件、如單張、
主席龍〇
民政廳廳長丁〇〇

87

中華民國卅三年九月十四日

第一頁

幼公廳長老師大人鈞鑒敬肅者睽違
霽範自春徂秋感念
鴻慈馳神系夢祇以僻處邉隅星郵鮮通未克頻修
牋素恭候
起居悵恨之忱筆舌難喻比維
政教覃敷
鼎祉萃吉
裘履廣芘邉黎共沐

民國　年　月　日

74
28

第二頁

恩膏
愷澤滂流三迤依為
屏翰引領南雲知符臆祝職於本年二月初曾由麗江郵
局寄呈一函想已得邀
鈞鑒頃於八月二十四日有永勝王議員回籍稱甯浪已改設
治局委職為籌備專員旋於是月二十七日又接永勝縣收發
員來函云甯浪設治局關防委狀到縣多日速派員來署領
取當即派員於三十日飛速馳往永勝祗領去後復於是日奉

民國　年　月　日

75
24

第三頁

鈞廳第六零九四號訓令並抄發簽請籌設治局暨請委職
為籌備專員之簽稿一件其任狀關防飭由永勝縣長轉發
等因竊查此文封面係於五月二十七日發郵想與頒發任狀
之期相距未遠至遲在六月底可以到永乃永勝縣府竟積壓
至兩月之久始將此文寄到并通知往領雖甯永交通阻滯
亦何致稽延至是倘值
鈞長震怒謂職玩視要公辦事無能因而嚴加處分則職於喪失
名譽之外又得一闒茸無能之罪誠難為意即謂箇人之得

民國　年　月　日

76

第四頁

失不足深計然此等關係國計民生之要件尚屬如此則其他更復何言職惟有於呈報奉狀日期文內據實聲明伏候鈞座主裁耳竊查甯浪地方幅幁廣袤物產豐富加之土壤肥沃生活低廉誠一天然富裕之區也徒以迭遭夷匪擾害居民窮困已極欲籌補牢之方必以編練常備團隊充實自衛能力為急務然編練團隊則關於籌款購械必須永浪兩屬合作始易集事惟永甯名歸縣佐管轄實則各不相謀互分畛域乖僻之見驟難化解良由縣佐權徵不能嚴格統治之過也至於集貲購械

民國　年　月　日

第五頁

照例須由永勝縣核轉領購則一般民衆又復多所疑忌妄事揣測謂恐縣中扣除舊欠或則推苦留良種種滯礙阻力橫生於是地方治安專恃民衆組織之聯合團隊以資維持其器械僅能置備銅帽火槍刀矛等重要村落則建築土碉用資防禦雖能暫濟目前然聯合團隊分居各村零星散漫遠近不一脫遇倉猝發生大股匪警則各村壯丁集合需時多數隊伍不能咄嗟立集往往坐失事機深為可慮漢民每罹匪害正坐此弊民衆雖明知其故然因環境牽制惟有付諸天命徒嗟奈何而已加以永勝縣施政方

民國　年　月　日

78

針又復側重區長視區所為辦團之主体以縣佐為疣贅之機關於是一區之內政令兩歧觀聽不一區長所為縣佐不知縣佐設施區長不聞兩者竟無一致合作之精神明知團務人員應加黜陟而用舍之權操之區長彼竟不與同意遭此束縛一切舉措諸被牽掣此在庸庸無能者每月坐支六十八元之薪俸正可借口卸責落得清閒而職則千里遠來誠欲稍有表樹上報

恩遇今其結果乃僅如此將來何顏以對我

師以是終日憂悶忽忽若失擬即詳陳下情懇請辭職但數月所領俸

77

第七頁

薪半歸消費一旦起程未知旅費何出正值進退維谷之際適奉我
師签准改組設治局之令並蒙委職為籌備專員仰見
鈞座深知邊民之疾苦洞悉下吏之艱難誠屬
宅心仁愛厚德逮物匪徽職一人感激徹骨即此浪渠千餘戶奄奄垂盡
朝不保夕之窮民皆將上手加額同聲頌禱是我
師之綿延洪庥膺受介福者正未有艾也蓋自改局以後則永甯
浪渠兩屬合治可以統籌兼權截長補短於剿辦團隊籌款購
械等事較易集事而上述之種種障碍皆可無形打消迨有健全

民國　年　月　日

80

第八頁

之常備團隊則地方有保障之資得竭全力以辦庶政如牧畜交通礦産移民等事皆可循序實施漸上軌道三年以後即得頓改舊觀十年以後可與內地諸縣並轡齊驅則改局之舉實為斯地人民轉危為安出死入生之絕大關鍵也其造福編氓豈淺鮮哉但竊有慮者則斯地財才兩缺驟然改組關於建設坿屬機關籌措經費等事較難為力其辦事人員尚可借材異地至各機關開辦費及常年的欵因土司轄地并無粮賦可撥必須搜集地方各種公欵公産及飭人民量力捐貲以資救濟惟當持一不畏難

民國　　年　　月　　日

苟安之精神趕速籌備以期早日實現惟成立以後伏望我
師特賜拔擢始終栽培俾泥塗久困稍有寸進是所仰望也抑再有
呈者竊　職自到甯以來自念雖無過人之材能然亦未敢甘居
人後自愿落伍故前後供職皆以勤實為本奉發規章文告報
章月刊必細心審閱實力奉行決未敢置之高閣假手吏胥又數
年以來屢經困衡之餘深知因果非虛禍福由人故遇事必本天良
處貧則安義命居恒以此自勉亦以勉人茲之遭逢幸遇仰荷
恩施尤當戰兢惕厲力圖報稱惟此次關防被永勝積壓日久實出

民國　　年　　月　　日

82

第十頁

意外所望我

師特加鑒原以免自干咎戾則幸甚矣除俟領到公文關防剋日籌

備就緒備文呈報外特將稽遲情形先行函稟餘容續呈肅

敬請

鈞安伏乞

垂鑒

學生甯浪縣佐陳文錦謹呈

民國　年　月　日

第一頁

再㕘呈者竊查甯浪改組設治局在有識者僉謂非此不足以平救匪風全活黎庶惟甯浪兩土司則疑忌橫生謂設治局成立彼等之運命將隨以告終必設種種之方法以為抵制或邀請

省府暨

鈞廳收回成命其所持理由即謂獨立改治人民負擔加重地方無款可籌並以此為鼓動愚民之資竊查永甯民衆共計四百八十村每村平均戶口至少以十五戶計（實際有多無少）已在七千二百戶以上連同浪渠之八百餘戶共計八千戶左右（前年調查戶口表冊聞被夷匪劫獄燒燬無案可稽然戶數調查稟實）此八千餘戶之人民除去孤貧者不計外

民國　年　月　日

第二頁

尚餘四千餘戶每戶每月平均負擔捐款壹元可得四千餘元每年可得現金四萬八千元合舊滇票貳拾肆萬元每月以千元編練八十名之常備團隊此地粮價極低足可敷用其餘三千元作為教育建設財政公安夷務（此地為山川所限不能修建公路擬請改設夷務局）等局之經費亦可暫資開辦即使推廣義民兩教經費尚有不敷則就兩屬現有之渡船鹽馱（川鹽入境）鐵礦油榨碾房（此等捐除鹽馱未收外渡口捐永甯自辦餘者浪渠辦學之用）等捐酌量提撥以資補助每年至少可得三千餘元之現金其數亦殊不菲但此僅就漢土兩民而言也至兩屬所住之夷民總數不下六千餘戶昔年每戶夷酋每月均照例上納團費現金壹元夷民

民國　年　月　日

85

第三頁

每戶上納團費及羊毛火口捐壹元自民國十三年以後團務廢弛夷民不服管轄以致捐款亦歸停頓此後團力充足并設夷務局以資管理聯絡夷漢感情則從前捐款皆可照舊恢復每月可得現金六七千元年得七萬餘元以作添補各局常年經費固已優有餘裕況此地荒地最多礦產林立改治以後召募鄰縣人民入而墾荒并准外商投資採礦其開發富源之道正復不少且常據一般紳民告稱永浪兩屬尚可籌設種種捐款何患無資職於斯言竊不敢從蓋縣治甫經萌芽即增加多數負擔是人民未受其利先遭其害亦復何樂有此改革故職

民國　年　月　日

第四頁

意此後一切組織務從簡便人民負擔力取輕微庶免動遭物議目下但將此每户平均一元之負擔暫資開辦則任何人民不致感受痛苦迨二三年後清丈田地計畝升科各局經費可由粮賦提撥并此捐款亦予取消依此計劃則兩區人民之負擔輕而易舉較彼土司之派款相去霄壤矣蓋永甯土司嘗加數千百元之派款勒令人民負擔朝令夕集土民無法抵制只得忍痛輸將但土司得款以後并不辦一公益設一學校始終行其閉關自守專制壓抑之愚民政策邊黎何幸遭此束縛今之改組設治正民衆生死關頭局長一職縱屬他人職亦喜而不寐倘此一綫生機復被土

民國　年　月　日

第五頁

司劣紳之夭閼則斯地人民必陷於萬劫不復之境而後已也故不惜冗贅
詳陳管見擬候關防委狀頒到即召集土司紳民開會討論照上述捐
款情形籌備一切設治事宜具文呈報謹先具述梗概用紓
軫念伏乞
鈞鑒訓示無任感戴之至肅此復候
崇安

學生陳文錦 謹再呈

民國 年 月 日

一〇

寧浪設治局籌備處告民眾書

123

寗浪設治局籌備處告民眾書

寗浪的各位父老子弟．．你們自民十二年以後，就陷在憂愁煩悶的環境中，其黠而有力的，竟甘心拋了自己的故土，流轉到他鄉異縣去，過那孤苦寂寞的生活，這不能移動的，都是因父母妻子的係累，田園廬墓的貪戀，親戚朋友的糾纏，萬不得已的了．．，但是，那無情的夷匪，還是天天要來擾害我們，逼迫我們，到了如今，簡直是十室九空，衣食無着，斑白的老者，和幼稚的兒童，都要去負戴山中，傭工田裡，纔有衣食的希望，有時連傭工的機會

124

都我不到••，全區民眾，被這夷匪兩字，弄得「鳩形鵠面」銳氣沮喪，地方上的什麼事，都無暇顧及，纔形成了現在的這種教育停頓，實業彫敝，人才缺乏，文盲徧野，道路崎嶇，童山彌望，等衰敗的現象。唉！這是何等樣的慘切，何等樣的危險呢？——

論理，我們寧浪地方，幅幀遼濶，鑛產豐富，土地肥美，糧價低廉，生在這裡的人民，應該要安居樂業，豐衣足食的了，何以還受這飢寒切膚，朝不保夕的痛苦呢？——無疑的說••固是受了夷匪的賜，根本上，還是民眾們團體散漫，既無自衛能力，而不肯努力奮鬥的原因啊。

125

今後要期挽回刼運，除了編練常備團隊，充實自衛能力，並由大眾協心，一致奮鬥以外，別無良法，原來整頓團務，編聯保甲，為當今縣治裡面的根本急圖，——尤其是在我們甯浪，其需要更比「水火菽粟」，飢食渴飲，還要密切的了。

但是，編練健全的常備團隊，又以籌款、購械、為要素，這兩事專靠浪渠的財力，是辦不到的，必須聯合永甯的民眾一致合作，纔能有效，奈浪渠永甯是永勝縣的兩箇自治區域，彼此都應負担母縣的義務，怎能夠互相協助，互擔捐款呢？所以，甯浪兩屬，雖有「相依為命」「唇

126

亾齒寒」的關係，因為行政組織所限，總不能浮到調劑平均，攜手同心的機會。，照這樣長期的因循下去，天々處匪，永勝縣是相距寫遠「鞭長莫及」歷来的縣佐，更是職權微弱，動多牽掣，愛莫能助，環顧境內，時々有被匪驅逐之可能，蒿目前途，正不知這可憐的民衆，是怎樣結果。

好了，現在也許是寗浪的陒運過浮滿了。，省政府和民政廳，已准許把寗浪改組設治局，先行委員籌備，關防委狀併已頒到，經過若干的波折，這籌備處今天纔算成立，從此以後，寗浪兩屬，可以合為一家，協力互助，把從前納與正縣的各種負擔，拿来辦理自己利害切膚

127
78

，解除痛苦的事，上述籌款、購械、種々的困難，都可無形打消，在他縣人民馨香禱祝不能得到的幸福，我們竟不勞而獲了，就該要拿出一種除舊佈新的精神來，上下一心，努力工作，纔不負了

主席龍公　民政廳長丁公整頓邊務，曲體黎情的深仁厚澤，乃少數紳民——尤其是土司，聽到了這種消息，反而要設法籲懇，恢復舊態，這是什麼原故呢？——

土司所疑慮的：不過是設治局成立，跟着就要清丈田畝，徵收糧賦，自己的，權利、地位、就從此取消。，加以從前附屬永勝，官長不過偶一巡歷，不能常加監督，

128

可以自己為政，一旦改組，則官長近在眉睫，於精神形式上要受多少的拘束和障碍，怎如閉關自守維持舊慣的好呢？不知清文田畝，是　中央政府的通令，全省各縣，都要漸次推行，即使不改設治局，也免不掉要有這一天的。，若謂成立設治，土司的權位，就隨着取消，那麽滇西南各縣，有土司而改設治局的地方很多，不聞土司就賡續取消，非但不能取消，那土司中有能補助　政府，鞏固邊疆，剿辦盜匪，急公好義的，　政府還要獎勵他，保護他，使他的地位，愈趨穩固，怎麽有如普通之所慮呢？並且，　政府的意思，是因目下勵精圖治，推行庶政，自縣建三

129

7

年實施方案頒布以後，各縣施政的方式，有了標準，都在積極的進行努力，有計日程功的可能，而邊僻地方，還在那裏彷徨歧路，無所適從，換句話說：就是那有土司的所在，（窮浪就是其一）一切庶政，纔粗有端倪，甚至還未萌芽，比較內地各縣，連百分之幾的比例都沒有，政令不能普及，不免有偏枯向隅的毛病，這是政府所深慮的，所以，此次纔把窮浪改組設治局，每年委了專門人材来，替你們負起專責，整頓提倡，使邊地行政，速趨內地化，使土司的子弟和民眾得有享受優良教育，灌輸國家思想，實行新生活運動的機會，這是再好沒有的了。，若恐官長地位切近，要受拘迫的話，豈知在此文明法治之下，任何官吏對於民衆，安能非法的加以拘束和壓迫，這種放任的思想，若不及時改善，則邊地行政，永無發展希望，其民衆知識，亦一天卑落一天，常要受外界的利用威脅，欺侮凌逼，不久就歸於衰敗的（班洪、片馬、就是先例）大家從此以後，務要趕速覺悟，領導人民向光明的途徑，急起直追，努力進展，決不可故步自封，甘居落伍，這是政府所最切盼的。

少數人民的疑慮，是怕設治局成立，加重負擔，其實，你們的困苦，到了現在，誰還忍去加重負擔，就是加了，實際上也等於零，我想，永寧地方，雖然從未到過，但是，他們的民衆，共有四百八十村，這是彰明較著，誰也不能否認的事實，每個村落，平均戶口，至少以十五戶計，就有七千二百戶，加上浪渠的八百餘戶，共有八千餘戶，（這單就土民說，漢夷兩民，還不在內），其中再把孤貧的除掉不計，還有五千餘戶，每戶每月平均負担捐款現金一元，可得的款五千餘元，以一千元編練八十名的常備團隊，在這生活低廉的地方，足可敷用，其餘四千餘元，作爲各附屬機關的經費，更是有贏無絀，（關於款項的出納，由地方舉出公正殷實的紳耆，請委財政局長，並組織

132

財政委員會，負責監管，除教育、公安、經費獨立外，餘均按月向財局支領，量入為出，嚴杜中飽，務使公款點滴歸公），況且，寧浪兩屬的夷民，總數不下六七千戶，對於國家的義務，一點都不負擔，其子弟亦不肯送入學校，（從前夷民子弟，尚有出外就傳，或延師課讀的），所以，蠢若鹿豕，作奸犯科，無所不至，今後既有漢夷合組的夷務局，作為宣傳利導，聯絡情感的機關，又有健全的常備隊，作民眾的後援，就可誘掖夷民子弟送入學校，漸々地感化他們，使他們照舊負担團學等款，若果勸導有方，是辦得到的，那時，地方的收入既豐，就拿來興辦移民、墾荒、開鑛、等生産的事業，更是「長袖善舞」不致有「無米為炊」的嗟怨了。

照這樣說・・寗浪改組設治局，土司的地位，並不搖動・，民衆負擔，輕而易舉，各種公益事業，皆可次第興辦，在最短期內，寗浪地方，就成一工商業發達，繁華富庶的區域，前途是很樂觀的！有人向我說・・籌備經費問題，這樣解決，固是很好，祇怕不容易實行，怎麽處呢？但是，我相信　總理所說「知難行易」的話，是很有價值的，我們現在就本着這箇原理做去，拼着腦力、唇舌、的犧牲・，抱定公正、廉潔、的宗旨，想來和我們預期的

134

效果，不致大相背謬吧。

說到這裡，還要附帶聲明一下，就是寗浪附屬在永勝縣的時候，因往來道路，夷巢林立，交通阻滯，商旅視為畏途，凡屬外來的貨物，如 鹽、布、糖、茶、絲、棉、藥物、銅雜磁器——等々，常時供不給求，價格翔漲，而寗浪所有的土貨，如 牛、羊、騾、馬、皮毛、穀米、雜粮——等等，又大批的運不出去，有無不能交換，馴至公私經濟，異常窘迫，銀根奇緊，應納與正縣的各種負擔，都無力履行，像這樣有名無實的羈縻着，實在是兩俱無裨，今永勝官紳，既已洞見癥結，自動的請求 政府開放我們，使淂獨立自治，另闢生路，今後的寧浪，可竭兩屬的全力來組織團隊，負責保商，永浪交通，可以照舊恢復，彼此互市，是永勝的土産，多了一種暢消的市場。，永勝的人民，添了一處發財的路逕，這真是兩全俱美的善舉，全區民眾，都應銘諸肺腑，感謝不置的。，但是，當此建設伊始，百端待理，還望永勝縣的政治、軍事、教育、實業、等家，對於我們寧浪，常々的加以輔助利導，或竟入來實地參與計劃，使我們的建設事業，速趨軌道，這更是我們日亱企盼，熱烈歡迎的，想永勝諸君子，亦必欣然接受，樂為贊助的了。

136

以上對於改組設治局的關係，已是說得很詳，大家想已明白了，我在這裡，再以最誠懇的態度，簡括地對大衆說：

(一)甯浪改組設治局，是民衆出死入生，轉危為安的維一救星。

(二)甯浪改組設治局，是開闢鑛産，發達工商業的維一途徑。

(三)甯浪改組設治局，是聯絡夷漢感情，解除仇隙的重要媒介。

(四)甯浪改組設治局，是消弭匪患，便利交通的維一關鍵。

(五)甯浪改組設治局，土司的子弟和民衆，可以享受良好

137
78

的教育，掃除境內的文盲。

(六)寗浪改組設治局，土司的地位，愈加穩固。

(七)寗浪改組設治局，是　政府注意邊疆，深仁厚澤的流露。

(八)雲南省政府萬歲。

138

中華民國二十四年十一月壹日籌備設治專員陳文錦

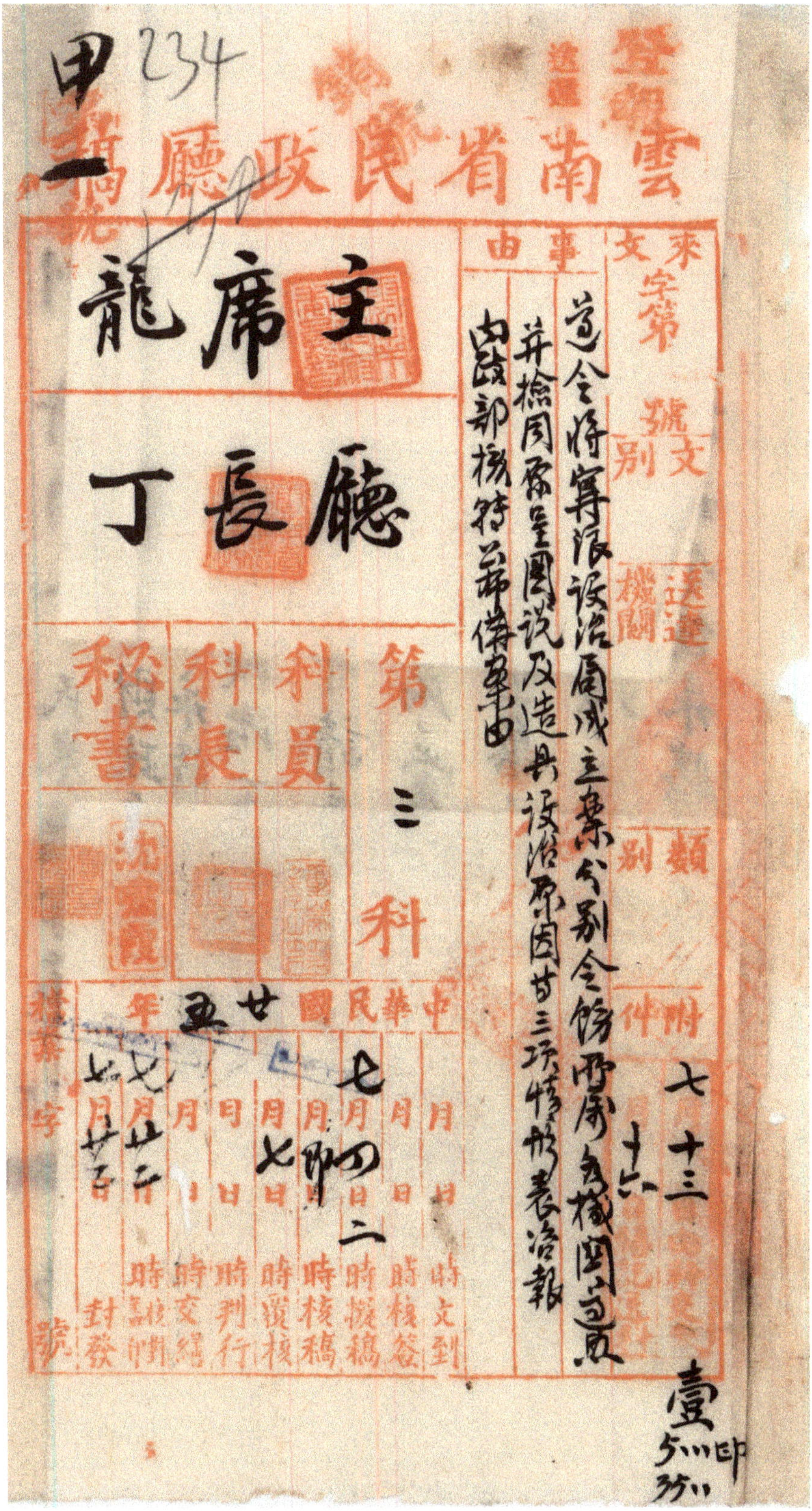

甲 234

雲南省民政廳

登記

主席

龍

廳長

丁

科員　科長　秘書

沈嵩齡

第三科

來文字第　號	別		

事由

道令將寧派設治局成立案分別令飭兩縣移撥圖籍員
並檢同原呈圖說及造具設治原因甘三項情形表浩報
啟部核特函俟查由

送達機關

類別

附件　七十三

壹

中華民國　廿五　年

七月　四日

七月　七日

七月　廿三日　　月　　日

月　日　時定到
月　日　時核簽
月　日　時擬稿
月　日　時覆核
月　日　時判行
月　日　時交繕
月　日　時校對
月　日　時封發

稽查字　　號

235

分繕

列銜訓令　民叁籍字第575號

令財政廳廳長陸崇仁
永勝縣縣長徐建佛

案查寧蒗設治一案，前據民政廳簽呈，請刊發關防，并請委陳文錦爲籌備設治專員等情到府，當經本府批准照辦，并分令遵照知照在案。茲據該專員陳文錦呈報籌備完竣，已成立設治局，繪具區域圖說，祈令飭永勝縣將撥入寧蒗西南隅

236

管轄，以便正式成立設治局，請查核示遵等
情，呈經民政廳核議，轉請准予設立，並祈
加委該專員陳文錦試署局長前來。除指令
一併呈懇准，並狀委該專員陳文錦試署
寧蒗設治局長，飭轉發祗領，成立具報備案
遵照，令洽報外，合行抄同民政廳原呈，令
仰該　印便遵照，將永勝應行劃歸該寧蒗

237

设治局管辖各地方粮赋分令饬解区域粮赋从速洽交具报切切！

此令。

计抄发民厅原呈一件

主席龙△

民政厅厅长丁○○

列衔训令　民叁籍字第　　号

令　教育建设两厅　盐运使　禁烟局委员会

外交部特派员　高等法院

238

1722

函致滇[illegible] 訓[illegible]民廳 指[illegible]

第一區綏靖處 昆明市政府

各縣縣長

省会公安局 各設治局長

瀘源設治專員

案查寧蒗設治一案，前據民政廳簽呈

請升蒗團防，并請委陳文錦為設治專員兼籌備

籌備到府，當經核准照准，分令遵照在案

茲據該專員陳文錦呈報籌備完竣，正式成

239

立設治局，繪具區域圖說，請查核示遵等情，呈經民政廳核議，轉請准予設局，并祈加委該專員陳文錦試署局長前來。除指令一併如呈照准，并狀委該專員陳文錦試署寧浪設治局長，飭轉發祇領，到局具報備案暨分別指令外，合行抄同民政廳原呈令仰該即便知照。并轉飭所屬一體知照。切切！

此令。

240

訓 抄發民廳原呈一件

主席 龍〇

民政廳廳長丁〇〇

列衔咨民叁籍字第　　號

案查前據本省民政廳廳長丁兆冠簽呈

略稱：

「案查前奉鈞府發下，擬永勝縣縣

長余炳呈以所屬寧浪縣佐區域，距縣窵

241

遠，治理不便，其間人民夷多漢少，蓋之接壤川康，區域遼闊，其面積东西二百卌餘里，南北四百二十餘里。其人口約七千餘戶，夷人占十之七八。其財賦可思。前寧浪縣佐張壽昌條陳，清丈田畝，按畝計税，并清查地方公款公產，及抽收鹽税，開放私人開採銅鐵礦，照章征税，則收入自屬不菲。請將該縣佐區域，改為設治

242

局，以資治理，而固邊疆，等情一案，飭
知到廳。當經由廳核議，函屬可行，於上
年五月內轉奉鈞府核明，批准照辦，並
印狀委該縣佐陳文錦為籌備設治專
員，先行刊發木質關防，隨令廳轉發祗領啟
用，務從速籌備一切設治事宜，以期早日正
式成局，並據遵令辦理具報在案。本年三
月十七日，復據該專員呈稱：該局現已將自治

243

區域劃分清楚，籌備設治，規模匡具，再設治地點，擬暫駐蒗渠，附具區域圖說，懇請換發關防，正式成立寧蒗設治局，以資推進，請准予核轉示遵等由。職廳核查，該局長所呈籌備設治各項，尚能因地制宜，惟所云實，繪呈圖說，亦屬詳實，除換發關防一層，擬據照前龍武設局成案，暫仍其舊，俟

244

治訂較詳核定清冊，附呈察核外，
應請准予正式成局，即加委該委員試署
局長，以利行政，而資推進。是否有當，
祈示遵！
等情。據此，查本府復查該地面積、人口、
財賦三種要素，均已具備，堪以改治，除以
秘字第二七九號指令，一併如呈照准，并妝委
該委員陳文錦試署寧蒗設治局局長，發給

特蒙祗領誠局，具報備案，並分別令飭遵照外，擬應檢取原呈圖說四份，及將該設治局設置原因，設治地點，區劃情形，列表備文，恭請

貴部查核轉呈

行政院核定公佈，俾便轉飭遵照，以昭鄭重，而符規定！銜印布

見復為要！此咨

246

内政部〻長蔣

计給送原呈圖說四張 區劃情形表四張

主席龍 ○

247

427.

中華民國廿五年七月四日

248

176

雲南寗浪設治局設置原因設治地點及區劃情形表

設置原因	設治地點	區劃情形
查寗浪設治局區域，距其原日母縣（永勝縣）過遠，治理不便，其間夷民多而漢民少，夷民常出而搶劫漢民，（不服治化）兼之接壤於川康兩省，區域遼闊，地勢重要，永寗土司勢力最盛，不能不為之改治，提高該地行政官權力，以保導化夷民，節制土司，以求邊地風氣日益開明。	寗浪設治地點，現因諸多困難，暫駐浪渠。一俟局勢將來應該稍上軌道，籌有建衙的款，再行遷駐永寗區之開基橋地方，以資鎮壓。蓋開基橋平原廣野，人口眾多，為與建昌、西藏、木里、麗江、甘[illegible]交通要道也。	將所屬區域，照劃原有四區，即浪渠之拉都河、挖開、沙五大村、色都辣子洞、麻栗坪、白切等處劃為第一區。將拉康河、荔枝河、新營盤、必納之梭羅、棉纏上下兩地、洪門口、大小綠園等處劃為第二區。將自永寗之大落水起至江邊拉連樹止劃為第三區。將自永寗正東之沙洛湖起至江邊之獨科止劃為第四區。

一二

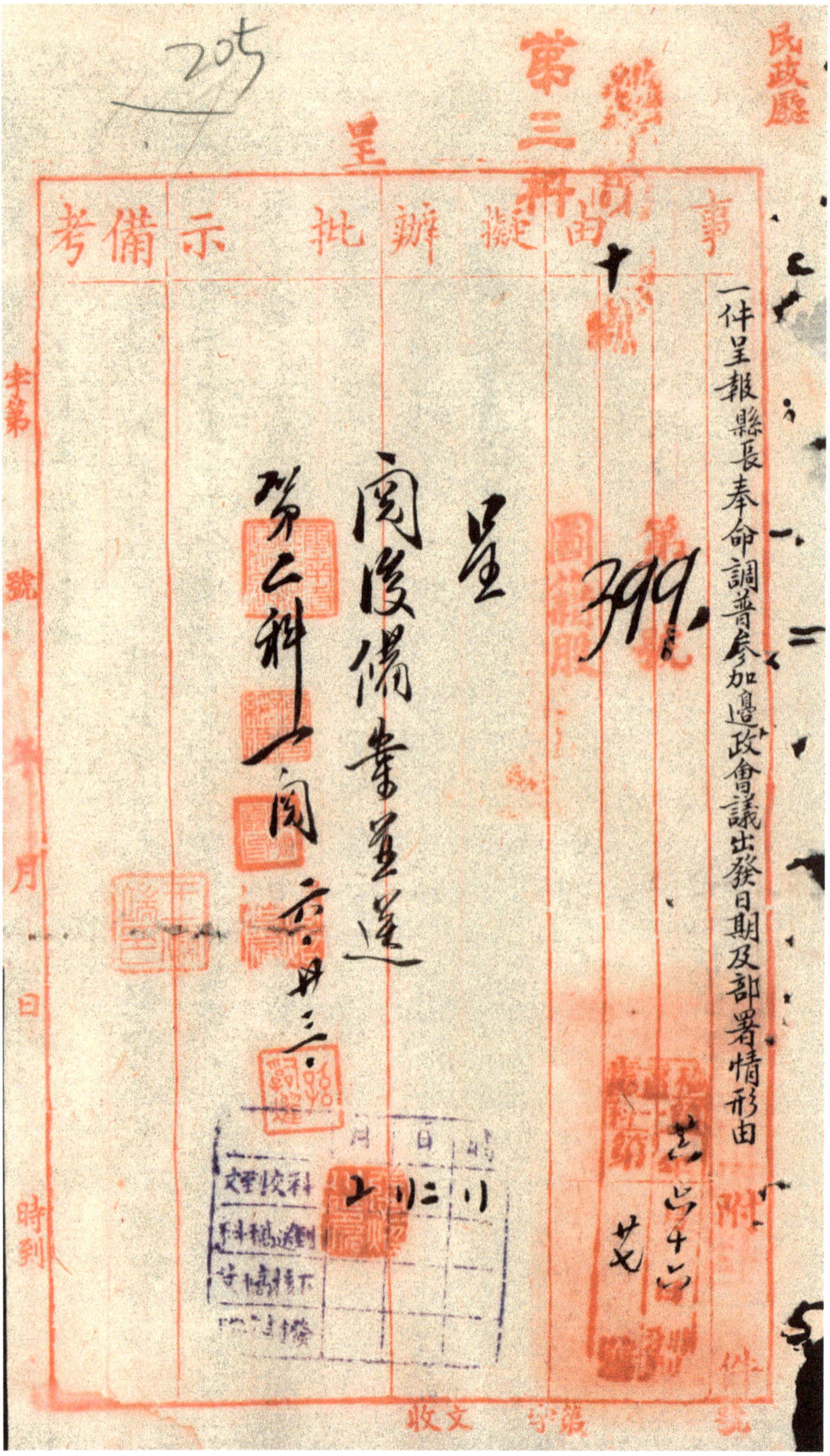

民政廳

第三科 呈

事由	擬辦	批示	備考
一件呈報縣長奉命調普參加邊政會議出發日期及部署情形由	呈	閱後備案呈送	第二科 閱

第 399 號

附 件

字第 號 月 日 時到

文收 字第 號

296

呈為呈報事：案奉
第二殖邊督辦公署第　號訓令：「令調各縣長晉普參加邊政會議……
……等因」，奉此。縣長遵即率同縣府秘書譚質彬及各區代表刀健
剛刀功顯……等，出席參加，於五月十一號由縣出發；所有縣事，派科長劉
嗣寬暫代行拆，仍由縣長負其全責，由行署節制辦理，總其大綱，以昭鄭重。
除分别呈報通令外，理合將奉命晉普開會出發日期，及部署情形，具文呈請
鈞署府俯賜鑒核備案。

謹呈

滇黔綏靖主任　龍
雲南省政府主席

南嶠縣縣長劉國祥

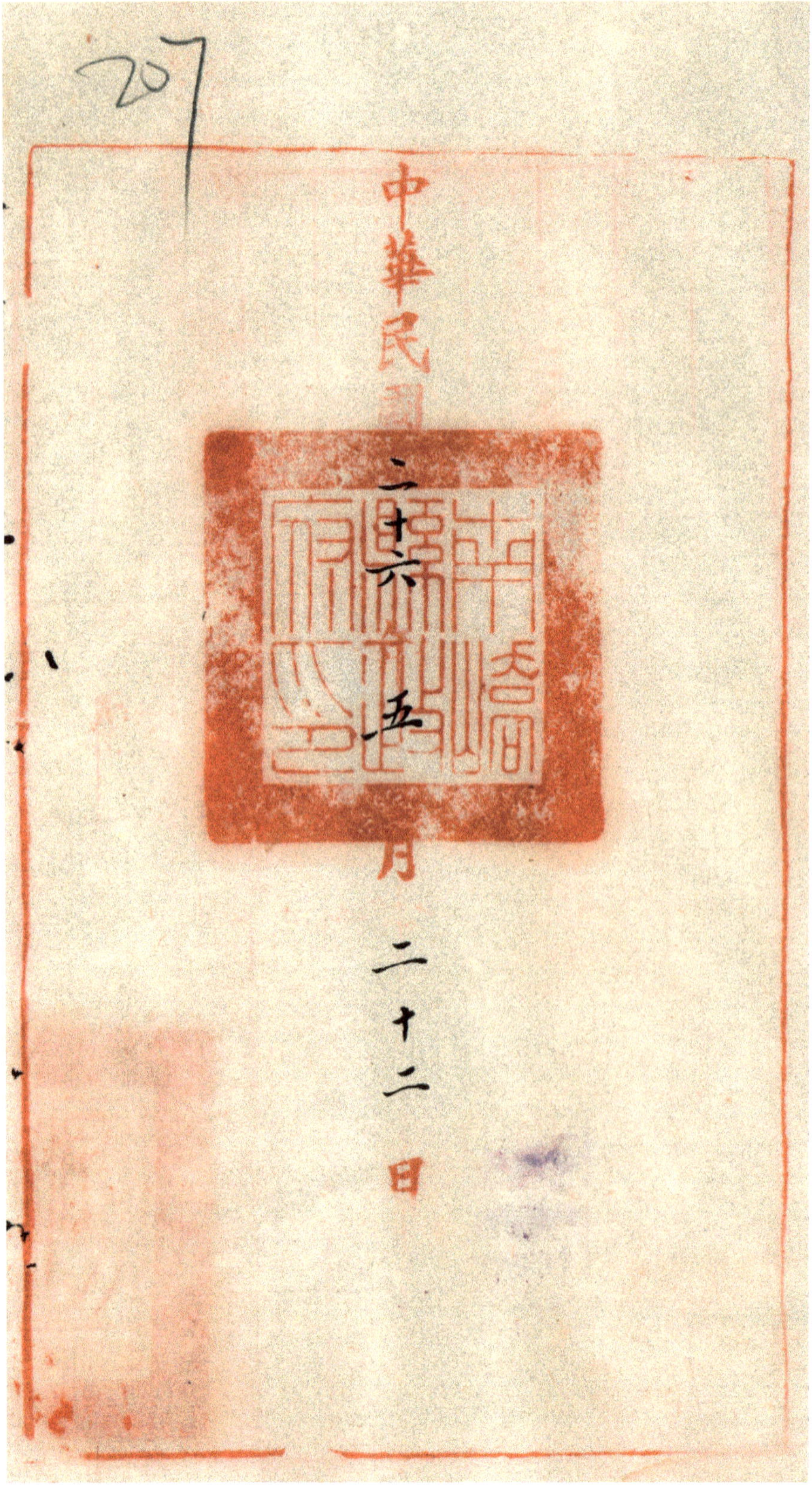
207

中華民國二十六　五月二十二日

208

呈

民政廳

事由

一件呈報遵令赴寧洱出席邊政會議起程日期及離任後之縣政處理各情形祈鑒核備查由

廿六年六月十六

廿八

400

辦法

呈

閱後備案並送

第二科 一閱

六.廿三

備考

字第 號 年 月 日 時到

	月	日	時
文書科	7	廿二	川
科稿送到			
文稿核下			
收發			

收文 字 號

呈為呈報事二十六年四月三十日案奉
雲南第二殖邊督辦公署訓令第一二五號開
為令飭遵辦事查為政之道必先洞悉民情而後可言撫綏必先
詳察利弊而後可談興革本督辦此次來南志切整理惟到任之初諸多
隔膜自非集思廣益不足以措施裕如茲定於本年六月一日召集思普全
區地方官及土司等到寧洱縣城開思普區邊政會俾各舉所知共策
進行事關重要地方官及土司等均應一律到會不得無故缺席如果確
有特殊事故不能親來參加者務須聲明理由另派代表一人至三人前
來出席報告一切統限於五月二十八日以前齊集寧洱六月一日決定開會
茲附發表式一份迅即查照各欄搜集材料分別詳細填載先期呈交

理勿得違延並轉飭該屬土司遵照切速此令計發表式一份

等因奉此遵即將職縣政務委任第一科科長尹祜代行代拆各局應辦事項即由各局長負責辦理關於地方治安委任猛海土司兼第一區區長刀宗漢負責維持並將奉發表式逐一查填先行呈報外縣長於五月二十日率同所屬各土司及猛海代表離任由佛海起程前赴寧洱出席邊政會議除分呈外合將奉令赴寧出席邊政會議離職起程日期並委員代行拆各緣由備文呈請

鈞府鑒核備查謹呈

雲南省政府主席龍

試署佛海縣縣長李毓茂

中華民國二十六年五月十八日

74

雲南車里縣民國三十年度政績比較表

編製機關 車里縣政府

工作類別	工作項目	工作計劃	工作實施	比上年度進展情形	上級機關考核意見	備考
政治	實施裁局改科	遵照雲南省政府二十九年一月二十七日民叁三字第二二號訓令實施裁局改科	業將舊設各局裁撤改組為第一二三科，並規定管理行政財政教育建設事項	上年雖已奉令實施但內部組織尚欠完整，本年復澈底改組，凡一切行政效率均較上年進展迅速		剛又奉令組設糧政科一科，正積極籌備中
	改進公務員待遇	遵照雲南省政府二十九年十一月三十日財字第元號訓令附新俸表規定職員薪俸	縣屬為著明瘴區且生活昂貴，除遵照新俸表支發外，並寄增職員瘴區醫藥為國幣六五四〇〇元	自寄增職員瘴區醫藥津貼後生活較上年安定，各種行政工作亦較上年施行順利		
	規定合室辦公	遵照雲南民政廳二十九年五月十日叁三字第四二九號訓令由裁局改科日起實行合室辦公	前任各科局辦公均無一定地點，本任內始積極改正，由縣長到任日起(二十九年十一月一日)實行合室辦公	自合室辦公後凡一應行政效率均較上年進展迅速		
自治	健全保甲組織	遵照雲南民政廳二十九年八月三十日叁三字第九七四號訓令附保甲須知	加強保甲內部組織，飭將各鄉鎮保甲長嚴督各保甲人員恪遵保甲須知服務	上年雖已另編保甲，但內部組織不甚健全，本任內切實遵照奉發保甲須知督促實施保甲民編，較上年進展		
	籌增保甲經費	遵照雲南民政廳二十九年十二月八日叁三字第一二九五二號訓令寄縣保甲經費一律實行統收統支	縣屬往未舉辦，保甲經費係由保甲人自行收支，本任內正設法籌集，俟有頭緒即由縣統收統支	上年保甲經費異常紊亂，現正積極調整中，俟調整就緒即行列冊呈報		
	開辦幹部訓練所	遵照民廳三十年三月二十一日叁一字第三叁四七號訓令開辦幹部訓練所	全所教員一十二員，學員六十二名，係征調各鄉鎮保甲長實施訓練，經費支出共國幣壹萬五千六百元，結業後分發各鄉鎮行動員服務	自本屆調訓後各鄉鎮自治成績較上年推進迅速		

編製日期 三十一年六月二十日 縣長王宇鵠

75

雲南車里縣民國三十年度政績比較表

編製機關 車里縣政府

工作類別	工作項目	工作計劃	工作實施	比上年度情形	上級機關考核意見	備考
政治	實施裁局改科	遵照雲南省政府二十九年一月二十六日民叁三字第一二号訓令實施裁局改科	業將舊設各局裁銷改組為第一二三科照規定管理行政財政教育建設等項	上年雖已奉令實施但內部組織尚欠完整本年復徹底改組凡一切行政效率均較上年進展迅速		刻又奉令組設糧政科一科正積極籌備中
	改進公務員待遇	遵照雲南省政府二十九年十月三十一日財字第二九号訓令附新俸表規定職員薪俸	縣府為養廉起見且生活昂貴除遵照新俸表支發外并籌增職員薪津為國幣六五四〇〇元	自着增職員薪津後職員生活較上年安定各種行政工作亦較上年施行順利		
	規定合室辦公	遵照雲南民政廳二十九年五月十日民叁三字第四二九号訓令由裁局改科日起實行合室辦公	前往各科局辦公均無一定地點本府自縣長到任日起（二十九年十二月一日）實行合室辦公	自合室辦公後凡一應行政效率均較上年進展迅速		
自治	健全保甲組織	遵照雲南民政廳二十九年八月三十日民叁三字第九七四号訓令附保甲須知	加強保甲內部組織甄別各鄉鎮保甲長嚴格各保甲人員恪遵保甲須知服務	上年雖已另編保甲但內部組織不甚健全本任內照遵奉發保甲須知督促實施保甲成績較上年進展		
	籌增保甲經費	遵照雲南民政廳二十九年十一月八日民叁三字第二一九五一号訓令發籌集保甲經費并實行統收統支	縣屬在未奉令以前各區團公款公產經費係由戶捐項下自行收支本任內遵照辦法籌集後所有保甲經費由縣統收統支	上年保甲經費異常紊亂現正積極調整中俟調查就緒即行列冊呈報		
	開辦幹部訓練所	遵照民廳三十年三月二十七日民叁一字第三四七号訓令開辦幹部訓練所	全所教官十三員學員六十二名係征調各鄉鎮保甲長實施訓練經費支出共國幣壹萬五千陸百元畢業後仍行回鄉服務	自本屆調訓後各鄉鎮自治成績較上年推進迅速		

編製日期 三十一年 六 月 二十 日 縣長王宇鵬

雲南車里縣政府農業教育保甲進度表

編製機關 車里縣政府

工作項別	預定計劃實施成績	困難情形及改進意見	上級機關考核意見	備考
組織生產促進會及鄉鎮生產保甲農場	遵照雲南建設廳民國二十九年七月二十日建字第七九號訓令推廣各縣規定由三十年二月一日起至七月三十日止各鄉鎮農場應一律完成預定農場經費為國幣一千二百元促進会及全縣農場負責員役八十五員名	夷民生性怠惰每年種稻一季便可足衣足食不事其他生產故辦理此種事業之初期諸多困难不鮮多設督導人員以資改進		全縣計有縣農場一個鄉鎮農場八個保農場七十九個每一農場之地質數量最少為二十畝歸由生產促進会督導指揮合併聲明
建築鄉鎮公所	遵照雲南民政廳二十九年八月三十日叁二字第九七四号訓令附保甲須知籌建鄉鎮公所所址增進鄉鎮辦公效率縣屬過去鄉鎮公所無一定所址辦公人員任意棲止有事始為土司署或头人家商討辦理擱置要公不可勝計本任内拟籌集經費建築鄉鎮公所規定時間切実負責辦公建築費為國幣壹萬弍千元	縣屬鄉鎮長概以舊土司頭目充任該等以不識漢文漢語幹事又不能同住其家内故凡一应要公均任意棄置種種困难均系無一定辦公地点所致本任内拟提出籌建鄉鎮公所以利改進一切		縣屬在未籌建鄉鎮公所以前各鄉鎮一應文件均係交头人攜回自籌建鄉鎮公所以後全縣行政效率較前遍進其利在有一定辦公地点及時間也
增設國民中心小學建築校舍	遵照雲南教育廳二十九年十月二十九日教國字第一二四号訓令增設國民中心学校及建築校舍前任咨交國民中心小学共十校本任内增設兩校及籌建兩校校舍聘任教員購置校具共需經費國幣壹萬壹千伍百元	縣屬夷民極畏讀書當兵故辦理教育諸多困难本任内只得遵照軍事委員会通令実施強迫教育以期改進邊地教育		

編製日期 三十一年 六 月 二十 日 縣長王宇鵠

雲南車里縣政府農業教育保甲進度表

編製機關 車里縣政府

工作項別	預定計劃實施成績	困難情形及改進意見	上級機關考核意見	備考
組織生產促進會及鄉鎮保甲農場	遵照 雲南建設廳民国二十九年七月二十日建字第七九號訓令推廣各縣生產 規定由三十年二月一日起至七月三十日止各鄉鎮農場應一律完成預定農場經費為国幣一千二六〇元促進会及全縣農場負責員役八十五員名	夷民生性怠惰每年種稻一季便可足全年之食不事其他生產故辦理此種事業之初期諸多困难不能不多設督導人員以資改進		全縣計有縣農場一所鄉鎮農場八個保農場七十九個每個農場之地質數量最少為二十畝統計生產促進会職員指揮合併聲明
建築鄉鎮公所	遵照 雲南民政廳二十九年八月三十日叁字第九七四号訓令附保甲須知籌建鄉鎮公所所址增進鄉鎮辦公效率 縣屬過去鄉鎮公所無一定所址辦公人員任意棲止有事始舊土司署或夷人家商討辦理擱置要公不可勝計本任內指令集資建築鄉鎮公所規定時間勤負責辦公建築費為国幣壹萬貳千元	縣屬鄉鎮長概以舊土司頭目充任該等以不識漢文漢語辦事又不能固住其家為故凡一應要公均任意棄置種種困难均為無一定辦公地點所致本任內指提出籌建鄉鎮公所以利改進一切		縣屬在未籌建鄉鎮公所以前各鄉鎮一應文件均由夷頭目自行籌建鄉鎮公所以後全縣行政效率較前進其利在有一定辦公地點及時間也
增設國民中心小學建築校舍	遵照 雲南教育廳二十九年十月二十九日教國字第一二四四号訓令增設国民中心学校及建築校舍 前任各交国民中心小学共十校本任內增設兩校及籌建兩校校舍聘任教員購置校具共需經費国幣壹萬壹千伍百元	縣屬夷民極畏讀書皆出故辦理教育諸多困难本任內只得遵照平常委員会通令實施強迫教育以期改進邊地教育		

編製日期 三十一年 六月 二十日

縣長王字鵠

一四

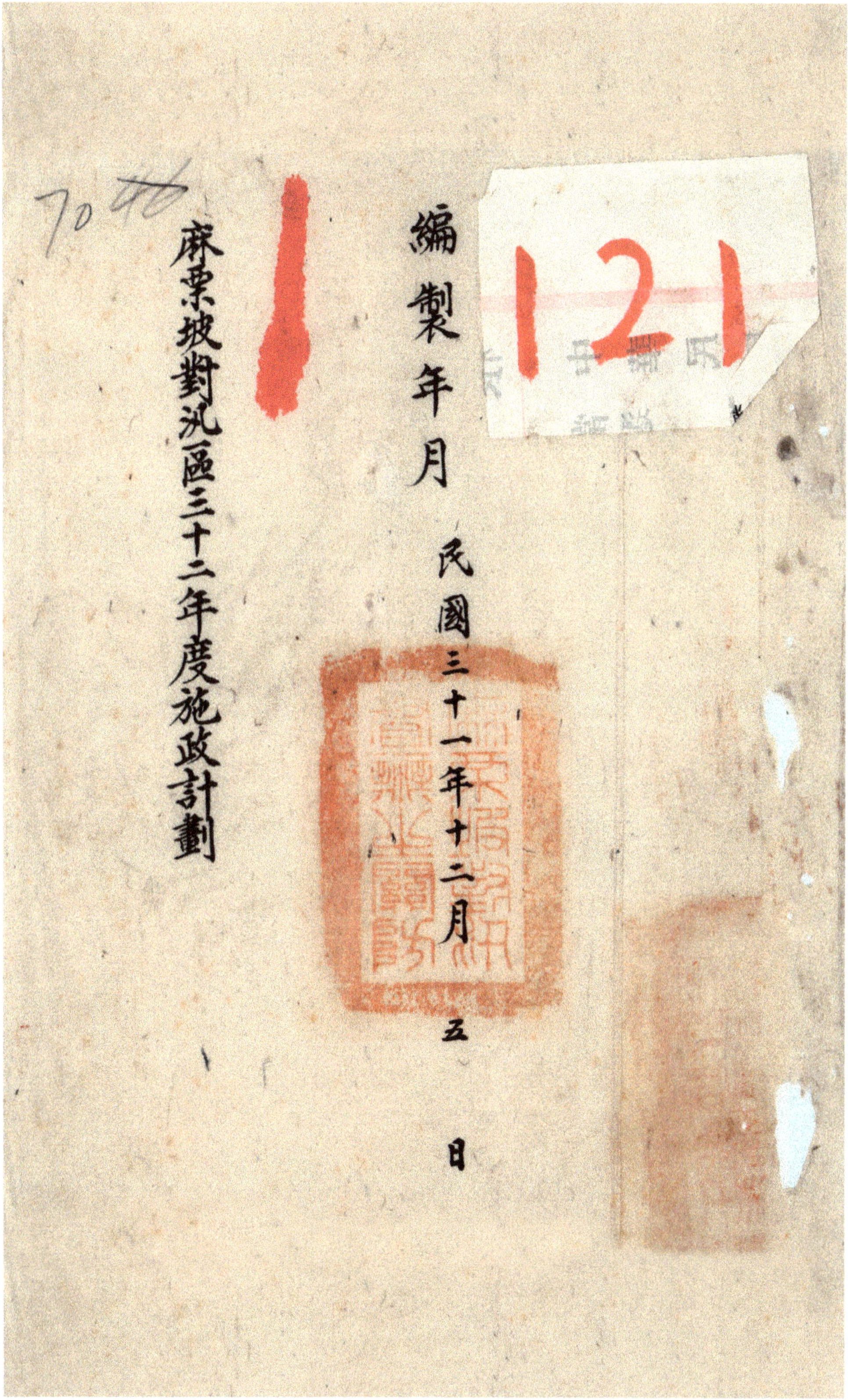

121

編製年月 民國三十一年十二月 五 日

麻栗坡對汛區三十二年度施政計劃

麻栗坡對汎區三十二年度施政計劃

目錄

第一款行政

第一項調訓保甲長組訓民眾

第一目運輸隊

第二目担架隊

第三目救護隊

第四目諜報隊

第五目防空隊

※第二項保造產

※第一目調查公私有荒地

※第二目清理無管業契據

72

米第三目清理無合法之田地山塘

米第四目設立保公有農林場

米第五目墾荒

第三項戶籍

、第一目辦理人事登記

、第二目辦理戶口異動

、第三目頒發良民身份証

第一款計劃撮要

本年度施政計劃應根據奉頒地方自治實施方案及保造產計劃分別緩急斟酌地方實際情形逐步實施如期完成惟調訓保甲長組訓民眾在在需款曾經列入三十二年度經費概算內應請核准以增抗戰實力而衛國防

施政方法及限度

將奉頒方案及造產計劃所指要點及參酌戰時需要先行調訓保甲長授以户政訓練及國民精神總動員法規復由各保組訓民眾施以第一項所列各目之訓練並頒發身份証以期識别而嚴組織

第一項實施限度

全區共計二百零八保於忙種前將各保長分期集訓結業歸去即組訓民眾每保須達三分一之數

實施方法

商同駐軍派員担任軍事訓練施以担架組織救護訓練輸送防空等科目並擇其精幹機敏者施以諜報訓練

第一目實施限度

74

越南淪陷滇越邊境大軍雲集時局日趨嚴重運輸一項至為重要故須事前準備以防萬一每汛區至少組織一隊每隊以二百壯丁組成之

實施方法

以鄉為單位組織聯運站視該鄉壯丁之多寡除組訓其他部隊外抽一部組成若干隊施以運輸訓練並訂秋收後兩個月為訓練時期

第二目實施限度

戰爭開始負傷將士在所難免担架為眉前急務最低限度每汛區組織一隊每隊以二百壯丁組成之

實施方法

每担架以三人組成並由人民義輸担架以竹篾編造担架秋後

集訓兩月施以担架訓練

第三目實施限度及方法與第二目同並責成衛生院施以包紮綳帶訓練及救護常識

第四目實施限度

諜報為戰爭耳目每汛區至少擇編一組施以諜報訓練

實施方法

利用當地土著青年擇其機警并粗通文字及懂曉簡單越語者為探員以便深入越境刺探敵情以靈聲息

第五目實施限度

自敵效法德國閃擊戰以來其空軍陸戰隊極堪重視根據防禦空陸部隊辦法協助軍隊共同防禦每汛區組織一隊以資禦防

實施方法

76

各汎區壯丁除已組其他隊訓外一律參加防空組織以期周密
使敵空軍不易着陸
米第二項實施限度
保造產為今後三年中心工作根據擬報計劃內適於三十二年
度辦理者列入本計劃如期辦理分別完成
實施方法
將本項各目分區組織保民大會主辦保造產事宜并由大會督
促實施最低限度於本年内完成九十保
米第一目實施限度
按照計劃於三十一年七月一日開始定期於三十二年二月底
完成
實施方法

由保財產管理委員會督促實施
米第二目實施限度與方法均與第一目同
米第三目實施限度與方法均與第一目同
米第四目實施限度
按照計劃定期於三十二年三月一日開始同年八月底完成
實施方法與第二項第一目同
米第五目實施限度
按照計劃定期於三十二年九月一日開始三十三年二月底完成
實施方法同前
第三項實施限度
三十二年度户政曾經奉令添設户政人員專門辦理亟應參酌
法規逐步推行人事登記户口異動等事宜

78

實施限度

遵照奉頒規章繼續未完工作辦理并調訓保甲長授以户政訓練以嚴組織

第一目實施限度

辦理人事登記出生死亡遷入徙出等事宜

實施方法

執行獎懲法規務使各保甲長及民衆知户政登記之重要遇有生死遷移必須具報

第二目實施限度

當茲敵方間諜及無耻漢奸詭計百出應嚴密户口組織認真辦理異動事宜用杜奸偽

實施方法

厲行聯保連坐法務使敵探及漢奸無所潛隱

第三目實施限度

良民証為杜漸防微要圖曾經全區推行以杜奸僞

實施方法

全區男女十餘萬眾不分性別凡年在十三歲以上者均飭領購

身份証一張以資識別

一五

雲南省保山縣三十二年度施政計劃

米兵役

「緣起」本縣兵役，易募為征，始於民國二十七年，是時役政機構，尚無合理之組織，一旦實行征役，困難萬端，兵役法令，惟遵本省單行法規辦理，幸民性服從，尚無滯碍，縣政府之承辦者，乃由前地方保衛團總團部執掌，公文之承辦者，則屬於民政科，雖殊途同歸，實則不無背道而馳，各自為政之弊。

民國二十八年初，奉令增設兵役科，迄至是年九月，前保衛團撤銷，兵役科始獲成立，役政業務，即由該科執掌，當時，征調頻繁，户籍保甲，甫經調查編組完成，規模粗具，至於壯丁則僅有統計數字，並無精確調查，因人民知識水準太低，鄉鎮保甲人才，又係就地取材，學力既

25

差，現代社會之認識又亟薄弱，頗乏任事精神，實施壯丁
編訓，均付諸缺如，故兵役基層業務，祇畧具雛型而已。
役政機構，法令規定綦詳，但限於經費無着，人材缺
乏，基礎尚未穩定，忽施行征兵制度，事實上自屬不易，
一般現象，多屬因應地方環境，以不抵觸法令，維持其現
狀而已；兵役法之規定壯丁屆滿適役年齡，必須舉行呈報
登記，經調查檢查後，始得徵召入營服役，或在地方服國
民兵役，皆因經費難籌，衛生設備困難，役政人員無從延
聘，種種關係，縣以下兵役制度徒有軀壳，法規仍落空洞。
　嗣至民國三十年初，本縣國民兵團應運降生，兵役業
務，曙光大放，工作人員，俱經訓練有素者，正從事調查
編組工作，忽又奉令裁撤，公私損失，不無可惜，而業務

-26

劃併兵役科兼辦，但役政事務，仍屬縣政府民政科附庸，嗣經改組軍事科，又苦於人員設置有限，終日應付桌案工作，尚且未遑，焉有餘力担當廣大任務。

綜上數年，役政推行，無善可述，其進度之困難，揆其原因，商得下列三點：(一)國民兵團不應裁撤，(二)人材缺之(三)經費無着，欲謀役政達到理想之要求，如非恢復國民兵團，嚴格訓練人材，並廣籌經費入手，殊不足為功也。

兵役改善計劃：

(一) 綱要

本縣役政情況，已如上述，欲改善之，首要應請政府恢復國民兵團，將民國三十二年度全年列為「兵役改善年」，並將全年分為四個改善進度期，由一至三月為人材訓練期；四至六月為壯丁調查期；七至九月為壯丁組訓期；十至十二月為壯丁徵召服役期。

㈢ 辦法

㈠人材訓練——本縣兵役人材，異常缺乏，前雖奉令成立縣幹部訓練所，將此項人材附屬訓練，事無成果，縣訓練所，迄未成立，而役政業務，日益煩繁，未能一刻停頓，自不能因噎廢食，欲達成中國兵役制度合理化，勢必擴大訓練人材，欲使執行役政人員，深明兵役法規之精神與旨趣，必須施以長時期之訓練，既有充分之認識與瞭解，則役政前途，發揚光大，於事有濟，於法不悖，其訓練時期，至少亦須三個月，在此期間，以三分之一時間，講授法令經驗，以三分之二時間，向民間實施法令宣傳、解釋征兵意義，以期互相交換，俾收共同之效果。

訓練課目分：㈠兵役法令解釋，㈡壯丁身家調查辦法，㈢壯丁體格檢查之技能，㈣壯丁抽籤之方法，㈤抗戰軍人家屬之優待，㈥兵役宣傳，㈦其他。

（乙）壯丁調查——壯丁調查，乃為兵役征召之最基本工作，壯丁調查不確實，兵額配賦無從根據，但調查壯丁，應從清查戶口入手，如單獨舉行壯丁調查，流弊甚多，民間有所懷疑，以為又有征兵，其規避隱瞞包庇逃役之事，自是難免，結果必不確實，枉費苦心，徒耗公帑，如能以調查壯丁寓之於戶口清查之內，戶口清查完畢，壯丁名冊亦於無形中完成，冀其家屬籍此可以明瞭正確，否則，功令雖三令五申，效力仍屬微弱，時間不能達到要求，數字相差，不啻天淵，本此理由，壯丁調查，必寓之於户口清查之中，始為功也。

(丙)壯丁組訓—壯丁既經調查確實，按照法規，施以編組，然後按步就班實行訓練，同時檢舉漏誤，嚴訂賞罰，雙管齊下，一舉數得，自非難事。

(丁)征名服役期—各種業務完成以後，兵役政策納入軌範，即可依照法規，實施征名，適役者，即可入營服役。但征名服役，實行抽籤，以昭公允。抽籤辦法，只能以縣為征名單位，而縣又以鄉(鎮)為單位，每届征額配定到縣以後，由縣政府查酌地方環境，分配與全縣各鄉(鎮)按期抽調，送驗入營服役，既稱公允，且無紛擾，便利殊多。

關於以上各點，原為針對地方環境而言，但在此抗戰爭取最後勝利關頭，國家需兵孔亟之際，自不能因噎廢食，停止征調，僅顧此平時工作，有碍抗戰前途，此非本計劃之意趣耳，對于應征兵額，仍當繼續征調，務配合抗戰建國之國策，共趨進行，不過將所訓練之人材，附屬於國民兵團之下，從事工作新任務，原有役政人員，仍舊辦理征調業務，分工合作，相互並施，

但此種業務，仍須國民兵團成立後，始克奏效，否則，亦屬空談。

(三)經費問題

(甲)經費之一般

本縣以往征辦兵役，以及有關役政應需之經費，並無固定的欵，可資挹注，以致推進業務，常感束手，實有迫

34

不得已之事，如征集兵役，所需伙食旅費以及供應招待各種開支，均籌之民間，民間既出人力，復籌財力，負担異常重大，其艱苦不言可喻，皆因國家整個問題，自無異議，今後之一切，究應如何，姑置不論，謹將本計劃實際需要，概畧分列如下：

(乙)訓練經費—貳拾萬元

本縣計卅五個鄉鎮，需要役政人材，每鄉(鎮)最單位須有三人，共需一百零伍人，訓練時期，預定為三個月，每人每月約需伙食費國幣貳百伍拾元，以三個月計，則共計柒萬八千七百五十元，格外加入服裝印刷紙張辦理員工等等開支，約需國幣貳拾萬元之譜。

(丙)壯丁調查經費—貳拾萬元

本縣區域遼闊，山居者多，大概山地占四分之三，平原占四分之一，戶口甚多，舉行調查，頗不易易，需要人員器材種種開支，約計需要國幣貳拾萬元。

(丁)壯丁組訓經費—柒拾萬元。

以每鄉(鎮)為壯丁組訓單位，壯丁既經調查以後。即着手編組，賡續訓練實施，每個鄉(鎮)至少需款貳萬元，計三十五個鄉(鎮)，約共需國幣柒拾萬元。

(戊)壯丁征召服役經費—四百萬元

本縣根據三十一年度征額為三千壹百玖拾伍名，(尚體念名額太多，減去壹百玖拾餘名)每名征召入營，由保甲調送到縣集中聽驗尚不計外，僅在縣經查驗合格，聽候出發及送交接受部隊，所需之伙食旅費以及招待供應等等費用

33

每新共一名，至少需費國幣壹千餘元，總計全年征額交足。不下國幣四百萬元之譜，如此征集費，確能由各部隊自行負責，則地方僅負人力征調，其需用即不致如是之鉅矣。

以上計列預算數字，乃屬理想，如按諸事實，甚至達成任務，恐尤不止此數可竟全功，況時勢變化無窮，事理隨時有所不同，地方政務，經緯萬端，誠有不可思議者，只惟臨機應變而已矣。

保山縣縣長林[illegible]

民國三十二年一月　日

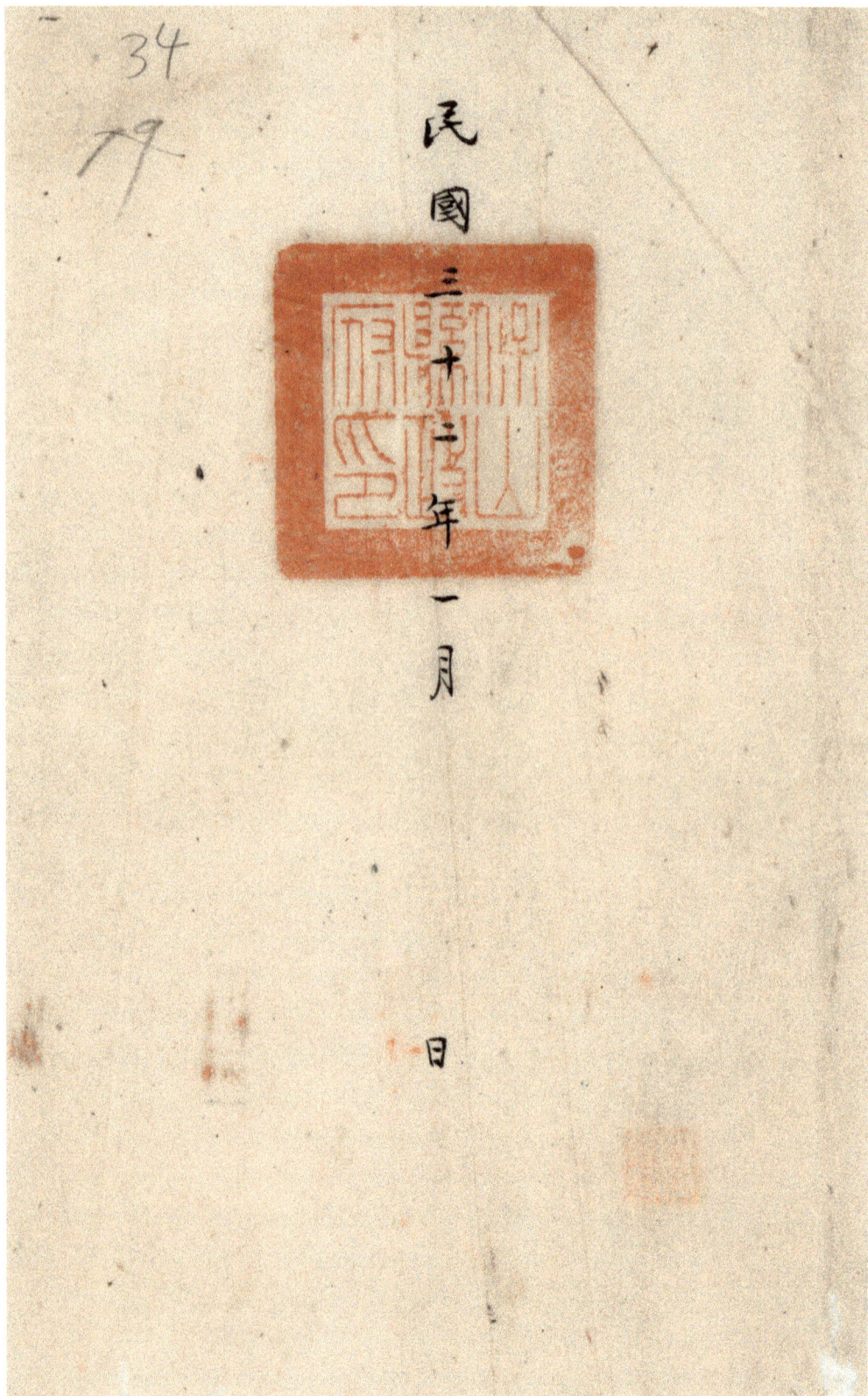

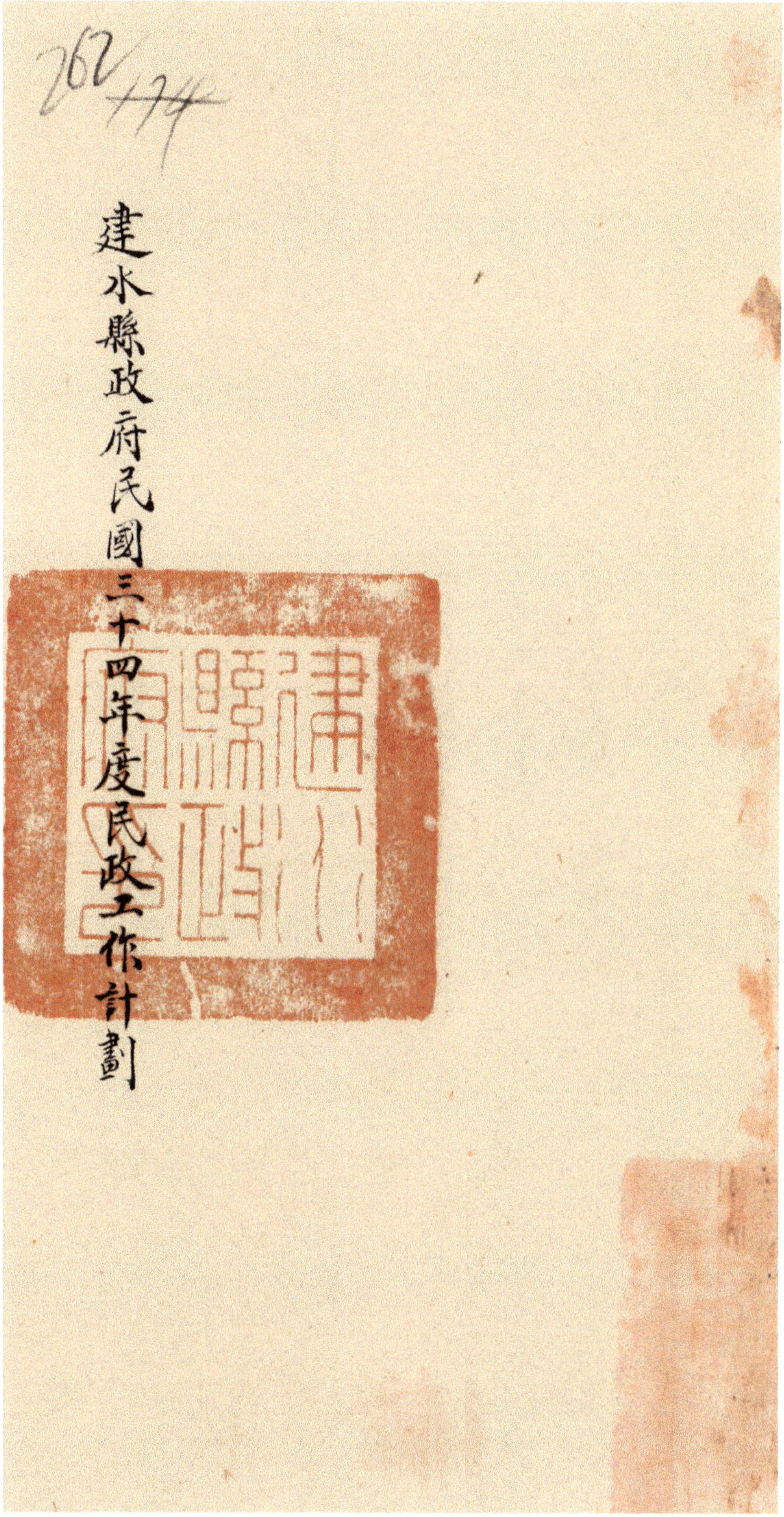

262/174

建水縣政府民國三十四年度民政工作計劃

263/175

建水縣政府民國三十四年度民政工作計劃

目錄

264

6、整飭團警加強地方自衛力量

7、肅清零星盜匪維持地方治安

8、辦理慈善機關衛生院所實施救卹工作

甲、計劃撮要

查一面抗戰一面建國奠定持久之政治基礎為全國上下一致體認堅定之信念本党總裁曾經明白昭示抗戰軍事結束後一年施行憲政此次六中全會又復決議提前召開國民大會定訂于本年十一月十二日頒佈憲治以建本區域之遼闊文化水準低之參差與夫人民政治意識之薄弱對於憲政施則及四權之運用諸多窒碍是則健全基層政治組織加速完成地方自治安定社會秩序充裕民衆生活實為當前之急務爰參酌地方情況與實際需要擬定計劃為本年度工作之準繩

乙、計劃內容

1、健全各級民意機關完成地方自治

查本縣鄉鎮以下各級民意機關當於三十三年九月一律組織成立並已實

行民選鄉鎮長僅有江外土司邊夷區域呈准緩辦尚未組設至縣參議亦經於本年三月二十日依法正式組織成立自應分別指導其活動能力加強工作效能並積極推進土司區域各級民意機關之組設假各種集會機會訓練人民對民權初步及四權之運用以期完成地方自治樹立憲政基礎

乙、整飭保甲編組徹底實施聯保連坐

本縣保甲自二十九年廢區擴大鄉鎮保甲編組完成後歷年雖迭經整編但因區域遼闊居民種族複雜民智低落保甲長人才遴選不易兼以異動登記辦理未臻完善保甲精神不能充分發揮本年自當繼續上年度編整後分別製定保甲公約切實舉辦異動登記徹底實行聯保連坐嚴密組織民眾肅奸除盜網以盡保甲之功效

3、辦理戶籍人事登記按季編造各種表報

本縣戶籍曾於三十三年舉辦戶口普查設籍登記並照章造報各項統計表在案惟以人事較差各級戶籍機構組織尚未健全對於各種人事登記未臻完善本年首先當調整各級戶籍機構務期組織健全並繼續切實辦理人事登記按季造報各種統計表並製發戶籍遞查牌督導各鄉鎮戶籍幹事認真辦理

4、組織成立各級倉儲管理委員會切實盤量積谷及清理歷年借欠本息谷暨借碾提碾交各案軍米積谷以重儲政

本縣積谷截止至三十二年度共有本息谷壹拾萬零叁仟柒佰柒拾玖公石叁斗玖升核與八標增數雖相差尚鉅但較之他縣數字已相當可觀惟以各鄉鎮倉多未遵照規定建造各級倉管人員亦多未照章設置損耗之大無可諱言亟應查

268

遵奉頒倉儲管理手冊健全組織各鄉鎮倉儲管理委員會並切實遵照倉儲管理施行細則認真辦理清理歷年民欠本息谷及迭次奉令借碾提碾支軍米各案積谷派員分赴各鄉鎮倉實際盤量務期顆粒入倉以重儲政

5、肅清殘餘烟毒整飭充實戒烟調驗所強迫勒令五十歲以下烟民戒斷

查本縣烟毒關于禁種方面曾於三十二年度徹底肅清烟苗雖邑屬邊遠如與法越交界地方及深山密箐已達根株盡絕之目的三十三年度土司境域間有溜生少數烟苗發生當即搜拔焚燬鏟盡除不分季節隨時嚴為督飭所屬認真查禁以期永絕毒卉外關于禁運方面以建水地方向非交通要衝從無大批奸商偷運情事之發生隨時隨地督飭所屬嚴為查緝務期有運必拿有拿必報至於禁吸經縣府不斷之努力宣導及查拿並實施調驗多數烟民業已戒斷惟江外土司烟癖

269 ~~178~~

地方因氣候惡劣尚有少數烟民為澈底肅清烟毒計嚴令各鄉鎮認真調查登記五十歲以下尚未戒斷烟民整理戒烟調驗所充實内容一切設備分期勒令五十歲以下烟民入所實行強迫戒斷以期貫澈禁政而竟全功

6. 整飭團隊警務加強地方自衛力量

本縣保衛隊原係一等縣乙種編制名額八十名自第四屆起奉令增加為一百六十名先後業已征調足額但入伍之期參差不一影响訓練今後自應照章按期入伍及退役並嚴格實施訓練整理補充械彈提高官兵待遇切實與正規軍配合而盡保衛邦家之責警察政警歸併維持地方秩序及衛生暨查一遵迤南區縣長會議議決應座陸公所指示保衛機宜加強民衆自衛預備大隊健全各中小隊基層幹部開辦幹訓班組訓全縣壯丁及登記調查民有槍彈充實地方自衛力量

7.肅清零星盜匪維持地方治安

本縣匪患早已敉平近因物價高漲生活太高三伍成羣之小匪及挖墳掘墓之盜竊蠢蠢欲動盜刼案件間有所聞應即督飭各鄉鎮保甲組織巡查隊晝夜巡邏並設法改進社會生活振撫失業份子從事生產開荒墾殖標本兼治徹底肅清零星盜匪以維地方治安

8.辦理慈善機關衛生院所實施救卹工作

查本縣生產有限貧富懸殊際茲農村經濟破產民生凋敝百物昂貴米珠薪桂之秋富者尚可謀生而貧者占全人口百分之六十以上有採草根樹葉為食病無藥醫死無板殮或迎門乞食者比比皆是當由調縣府設法購備大量藥品飭衛生院免費種痘防疫注射並於敦厚鎮永寧鄉設衛生所二個飭慈善機

271

閫負責人製衣備棺木廣為施送無力買棺貧民並手中按季酌量施捨錢米以資救

卹對貧苦而鰥寡孤獨者尤特别矜卹

最速
最速

统计室已登记
年11月17日

81 74

云南省民政厅稿

事由	为：呈复省府通令彬兰各县等组织减灾事项并鉴核由。（奉训令肯关于知照）
厅长	张
秘书	印
科长	十一
科员	贰二
文别	呈
民国	民卅五
封发	十一 十六

案奉

钧府卅五年十月十四日（卅五）府秘（一）字第五六一五号训令开：

"案查关于重划行政督察专员区域，增设行政督察专员一案，经分别呈咨并令饬知照在案。

十一 十三 二
中华民国卅五年十一月拾六

十一 十二 九
十一 十六

21533

82　75

案奉
行政院指令，以案经会议修正边远省份第五
区专员公署直辖区，由省政府直接指挥监督，所第六
区公署第五区，以下遞推，一案，除分别呈复暨分
令外，仰该厅遵照计划组织成立事项具复备核，
此令。
等因，计检发图表各份，奉此，遵查本省行政督察
专员区域，除直辖区外，共划分为十三区，各区设置
地点及所辖县局，现经核定，并另筹划成立，除另
专员之任用保荐及筹划经临各费，请由
钧府及财厅省会计处办理外，谨将本厅主管

83 76

二、等級、署址、規程、國防等項，分列擬呈核議：

（一）等級　行政督察專員公署之等級，依照部頒行政督察專員公署經費分等表之規定，計分甲乙丙三等：甲等組織係照廿五年十二月十五日院頒修正行政督察專員公署組織暫行條例規定之最高標準設置，丙等係照最低標準設置，乙等則照甲丙兩等標準折中設置。前查本省第一至七區專署組織，均係採用乙等，自施行以來，尚稱便利，為兼顧本省實際情形，及便於督察起見，所有應設之十二區專員公署，均照乙等設置，以昭劃一，而便稽考。

（二）署址 查划分计划表规定，第一区专署驻昭通，二区驻曲靖，三区驻弥勒，四区驻砚山，五区驻建水，六区驻新平，七区驻思茅，八区驻姚安，九区驻澂江，十区驻鹤庆，十一区驻大理，十二区驻腾冲，十三区驻维西。除昭通、建水两县已设有专署，勿庸另觅署址外，其余各区均应先行筹划选定署址，业经本厅另案通饬各专署驻地县长，派专人会同切实查勘，妥觅相当署址，绘具图说呈候本厅，再凭核办。

（三）规程 关于专员公署组织法规，中央曾先

後須有修正行政督察專員公署組織暫行條例辦
事通則，經費分等表策，可資依據。至於專署辦
事細則，依照辦事通則第廿三條之規定，應由各
專署自行擬呈，經修正後轉請公布施行。惟（已是，俟各專署成立時，再由本廳擬呈，以免紛歧。）
~~須由本專署擬辦事細則而備施行者，則~~
~~須由各專署擬辦事細則，以昭劃一，而有專據~~
（四）關防　各專員公署關防及小官章，曾經
行政院轉請　國民政府鑄發，惟並未領發前，本
請
省府暫行刊發木質關防，以資應用，並（亦有）現已刊就，一並

86 ~~79~~

除第二項並未變更另簽呈擬外其餘二至七條

又原關防，似宜令飭呈繳保管，候國府鑄發後，

再一併分別轉發啓用。除轉令各專署縣查照並請

第縣先行覓定各專署地點，具報核轉，並飭昆

明縣查遵去令，迅速更名穀昌縣，將昆明縣印

呈繳註銷，復奉文後一月內遵辦具報，勿得遲延

干設外，理合將本廳主管上列各事項具文呈請

鈞府鑒核示遵。

謹呈

雲南省政府主席龍

附抄呈修正行政督察專員公署組織暫行條例辦

87 ~~80~~

训令

事通饬，发给贸分等表各一份。

列衔名

一件：训令曲靖等县先行划定专员驻所并绘图具报备核一案由。

令曲靖、建水、姚安、大理、禄劝、新平、丽江、腾冲、砚山、思茅、鹤庆、维西县县长

案查本省政府前因遵照中央法令，实行分层负责，促进县政建设计，重划行政督察专员区域，将全省划分为十四行政督察专员区，业经呈奉行政院核准，除昆明区应改为直辖区，由省政府直

88

核指揮監督外，其第一區專員駐昭通，二區駐曲靖，三區駐彌勒，四區駐硯山，五區駐建水，六區駐新平，七區駐景東，八區駐姚安，九區駐麗江，十區駐鶴慶，十一區駐大理，十二區駐騰衝，十三區駐維西，或昭通、建水兩縣已設有專員，勿庸另覓縣址，其餘各專員縣址，亟應先行籌劃確定。除分令外，合行令仰該縣長於奉文半月內，切實查勘，妥爲覓定縣址，並繪具圖說，呈送來廳，以憑核轉。切速，此令。

兼廳長張○○

81 8

稱：令昆明縣查照前令迅速更改縣名具報核轉由。

令昆明縣縣長張 備

案查前奉

省府呈奉 行政院核准，將該縣更名為穀昌縣，並鑄發縣印，[redacted]，飭屬轉令查照具報，等因。當經先後轉令遵照在案。繼據該縣參議會一再呈請保留縣名，[redacted]等情，均未蒙 省府核准。節奉 內政部令飭印查照前案，迅速呈報，等因。查此案迭經轉令，迄未照辦，殊屬不合。合亟飭該縣長查照迭案，

90 87

仰章文一月四日遵辦具報，以憑核轉，勿違干咎，切
切！此令。

兼廳長張〇〇

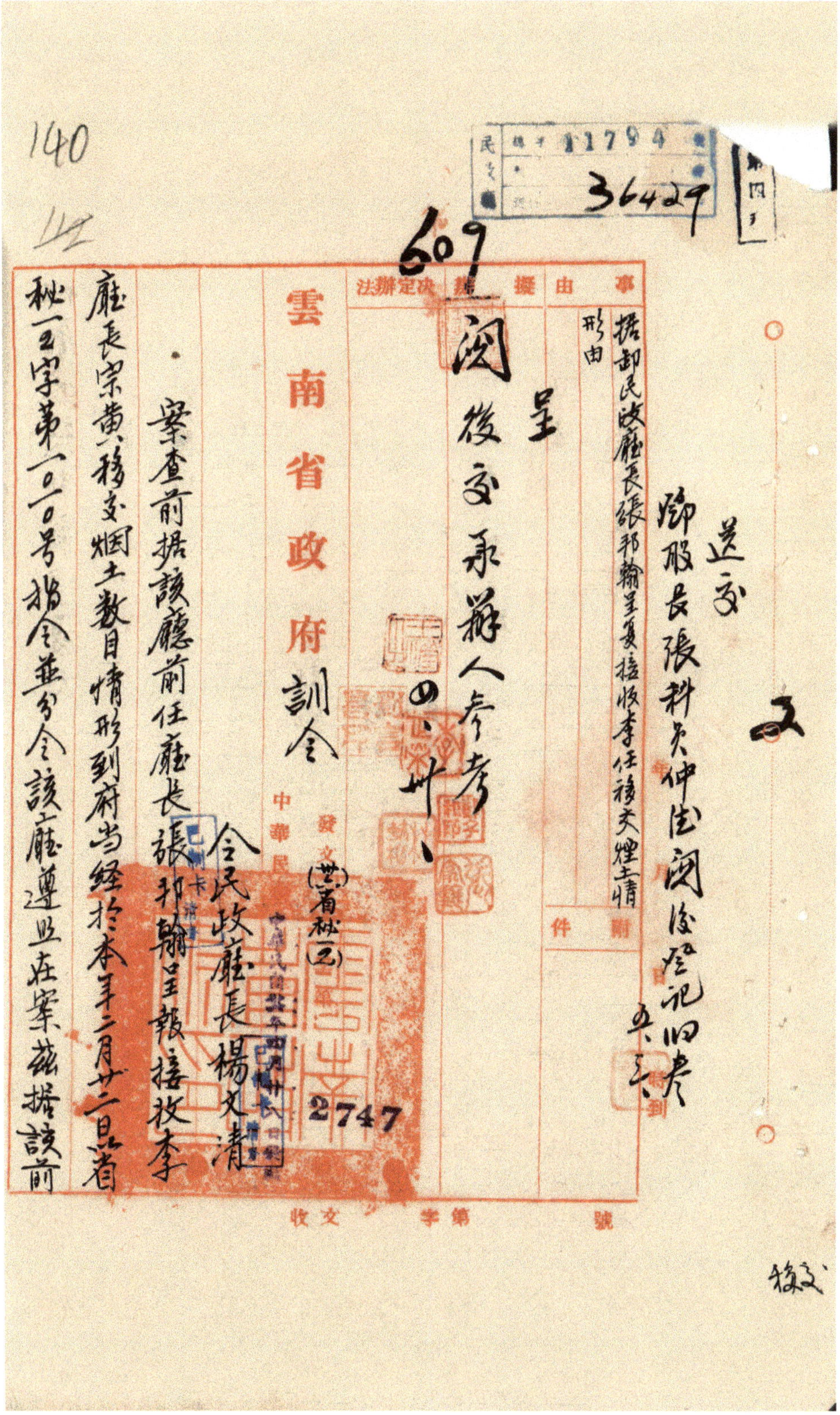
140
141
11794
36429
609
送交
鄧股長張科員仲岳閱後登記以考
五、三、
文
事由：据卸民政廳長張邦翰呈复接收李任移交煙土情形由
擬辦：呈閱後交承辦人參考 四、卅、
決定辦法
附件
雲南省政府訓令
發文（卅）簽秘（乙）
2747
令民政廳長楊文清
案查前據該廳前任廳長張邦翰呈報接收李廳長宗黃移交烟土數目情形到府，當經於本年二月廿二日以省秘一五字第一〇〇号指令並分令該廳遵照在案。茲據該前
收文　字第　號

任廳長張邦翰呈復稱：
「竊查前職設報民位二字二三二五號接收案係代李任呈
報補接收陸任移交情形並非本任接收李任烟土情形
又特種土内有褋土貳拾叁兩玖錢等因係本任接收時經
會同財廳監盤員詳細考驗提取出来惟此物數目太多
肉眼鑑别頗覺不易殊難纖介無遺至本任接收李任
咨交儲藏廳内乾膏叁拾柒兩叁錢一節未按列報等
因，當接收李任移交時因一部寄存興文銀行一部存廳
旋由本任實行接收乃當同財廳監盤員搬運回廳合
併驗收且此項熟膏係李前任接收陸任時由僞南

142

143

提出本任接收經詳細鑑別，煙質含量較差且襍仍
提歸偽土是以呈報時因忽略單独声明又接收偽土弍仟
壹佰零叁两壹錢弍分折耗弍佰弍拾两另壹錢捌分
等因查此項折耗弍佰弍拾两零壹錢八分每當初李
任接收陸任給偽土數字比對尚屬相符继則陸任經
办人又由偽土中提出熟膏叁拾柒两叁錢而李任給与陸任
收據上面亦改，減並呈報時亦忽略声明此次本任接
收經鑑別質量較差乃將此項卅七两叁錢舊衡仍提
歸偽土是以偽土折耗僅壹百捌拾弍两捌錢捌分且
此項叁拾柒两叁錢乃單独包裝存放偽土之内可查

143

奉令並飭圖理令將錯誤之處逐一呈請鈞府鑒核示遵。

等情。據此，合行令發該廳長參考！

此令。

主席 龍雲

監印 馬廷□

校對 李□

繕叙 □山

人事室

165　7180

事由：為函達巡視督察報告請　查照由

擬辦

決定辦法

雲南省第六區行政督察專員公署　公函

保秘報　一三〇八二

三十六　九　十八

查本區各縣局目前行政中心工作為禁烟治安救濟三項除保山瀘水禁種已禁絕多年龍陵潞西瑞麗因交通便利督導較易外國清出巡騰衝親加督導實屬必要經電呈奉

省政府午皓電准予照辦遵即於七月三十一日由保山起程赴騰衝八月二十

年　月　日　時

第　字　號

四日公畢返署茲謹將在騰衝督察經過報告如左：

召集騰衝梁河盈江蓮山隴川各縣局長及南甸千崖隴川等土司在騰衝會議原定於八月二日在騰衝舉行乃因劉常森尚負責之爭梁河局長及各土司均在翁冷會商解決蓮山局長正在該屬防洪盈江新局長尚在赴任途中因此不能如期開會乃改為個別訓示計前後在騰衝行署聆訓者有騰衝縣長馮顕朱梁河局長甘振鈞盈江新局長曹鋒隴川設治局秘書胡澤周及南甸等土司代表彭子俊等國清就禁烟治安救濟各項要政針對各該縣局現況分別指示勗其切實辦理迨返保山後復召集潞西瑞麗兩局長及芒市遮放猛板三土司等來署聆訓瑞麗設治局長蔚自天潞西設治局長李鯤並率領芒遮板三土司署負責人先

167

後来保均经分别切实指示督促認真办理務使三項要政得以貫澈施行

(一)禁煙

查本區各縣局保山瀘水禁種早經完成龍陵潞西上屆偷種烟苗極少早於去年底確实剷清已呈奉

省政府(卅)省秘(乙)字第4000號訓令傳諭嘉勉在案騰衝上屆所偷種者経令飭該縣党政參团會剷据其辰文代電會报未發現烟苗瑞麗猛卯山區所偷種者据該局呈报已经剷除復奉

省政府(卅)省秘(乙)字第4925號訓令慰 警備總部格識字第9233號午江代電据报「猛卯山頭禁種鴉片改種山芋」由此可資証明該局所报屬实蓮山偷種烟苗經前後任局長努力查剷亦告清除隴川山頭偷種烟苗据前任局

118

李鍾傑呈称经三次督剷已得剷净经本署令飭新局長熊占甲復查
據其長世代電称「地上似無烟苗形跡」以上各情均已分別專案報備可
謂無問題矣其有問題者厥為梁河県盈江梁河上区所偷種烟苗雖经
剷除但尚有漏剷之處或不免有收漿情事本署曾建議飭其繳漿焚
燬於三十六年三月二十七日以保壹禁字第10009號呈函報告并准
貴廳代電准飭其依據就地焚燬夷區烟土办法办理经迭令該局遵办在案此次更
函飭該局長甘振勳追繳烟漿依法焚燬并派本署視察畢義德前往
督導詳情續據盈江所屬偷種烟苗之處据报有戶撒東山西山南山下南山
澇山等處前局長洪錫奎所报已查剷戶撒東山西山等處而南山下南山澇山
等處則由土司查剷究竟土司是否將南山等處烟苗剷净尚未据报此次

令飭新局長魯鍾覆查具报以上係本届各縣局上届禁種情形

本年秋季預防偷種尤為當務之急經飭各縣局長依据「雲南肅清烟毒实施方案」中禁種办法切实办理務使不得有顆粒烟籽入土各縣局亦有呈拟本年秋季預種烟苗实施办法各予核録指令亦在案据查各縣局施禁情形騰衝已組织党政參禁種督察团此項組织尚切合該縣实際情形蒼峯策峯盞峯方除盞西野人山須特別努力外該縣其他各家肅清毒卉當無問題龍陵潞西兩属上届既已禁絶而龍陵縣長顧品瑞潞西局長李鯤均忠实勤勞努力奉行政令本届禁種应有把握瑞麗蓮山兩属禁種障碍雖多但瑞麗局長舒自天幹練有為蓮山局長劉培元尚能努力對於禁政均設法認真执行拟以救濟其禁種同時並举當可收效盈

已制卡 清办

已制卡 清办

已制卡 清办

已制卡 清办

江局長魯鋒人甚幹練但盈江人民夷多漢少能否令飭猛大夷人只知土司不知漢官該屬本屆禁令能否貫澈土司之關係為大已令該局長督促土司切實辦理隴川之情形與盈江大約相同該局長態占甲能否克服王子樹一帶寘頑野夷而使其不再偷種尚待努力梁河局長甘振舫鑒於環境困难已有辭職表示而該屬歷年違種亦較他屬為多欲使其全境絕無烟籽入土尚無確實把握針對此三設治局之特殊情勢一方面令飭各設治局長率同鄉鎮人員努力施禁一方面令飭南甸干崖隴川等土司轉飭山官頭目等服從禁令雙方負責一致推行以期達到禁絕之目的惟邊區偷種烟苗向係山區野夷若無兵力鎮壓难收預期效果請派部隊協助為另方共商請求國清 訓示其一在保安部隊尚未進駐以前應遵

省府命令發動地方武力查禁」究其實情邊區地方武力薄弱環境艱苦執行政令倍感困難依據雲南肅清烟毒實施方案中禁種第五項有「如必須以兵力鎮攝者應先行電請核办以免臨時倉卒誤事」之規定敬祈派遣保安部隊分駐各設治區以期貫徹禁令維持治安

（二）治安

騰衝梁河盈江隴川蓮山五縣局地方治安情況溯自今年二月駐軍奉調離境所有地方治安悉由本署督飭各該屬縣局長負責維持茲依據各該縣局地方武力實況及治安情形各月報告表及國清此次巡騰實地視察暨查詢所得暨據本署所派視察人員分赴梁河隴川盈江蓮山各地視察結果撮要報告如次：

騰衝縣地方治安情形尚屬良好該縣現有甲種組織之自治防衛隊官兵共一百二十五員名雜步槍七十六枝輕機關兩挺其地方警察兵六十員名步槍四枝雖公有槍械不敷應用惟該屬殷實商戶所購以自衛之武器為數尚多且各鄉鎮保甲所組訓之國民兵常備隊自衛力量尚屬健全因之該縣境內除蓋西鄉附近之山頭兇頑不化治安較多顧慮外縣境內各地迄尚未發現匪聚情形僅清水河西等鄉險途要隘間有零星散兵游勇剪徑盜劫行商情事已令據該縣縣長馮頤生報告遵經於中和興華河西清水等十鄉鎮要隘之地均各就地指派各鄉國民兵常備隊一班扼守瞭哨其他各鄉則責令鄉長隨時清查防範縣屬團隊則居中策應控制全境等情近兩月來該縣境內尚稱安堵

173

梁河設治局之地方治安情形以該屬南甸土司龔綬對局署政令推行陽奉陰違而該司所直隸山官尚自貴負隅稱霸兇殘頑梗該司與該山官久有人槍約百條兩月前尚自貴曾企圖毀各山頭武力與舊石婆隘撫夷劉常森醞釀械鬥情勢險惡嗣經奉 警總部命令由本署派員會同九三旅二七七團之溫營長率兵一連并召集南甸干崖隴川各土司與梁河設治局長甘振飭共到梁河翁冷地方飭尚劉雙方不准衝突聽候解決所有經過情形經另案呈報有案該局治安因此項尚劉糾紛所牽制隱患殊深現正由本署令飭該局長妥慎處理中至該設治局直轄武力有丁種編制之自治防衛隊共官兵三十九名步槍十五枝輕機槍三挺以之維持局署所在地治安尚堪 應付至各鄉鎮之治安情形則須飭

174

由南甸土司會同办理半年以来幸未发现股匪若山頭及散兵游勇之三五人夥劫事件則屡有发生已嚴令該局長及南甸土司共同負責以靖地方

盈江之治安狀况以該局環境特殊干崖老土司刀保圖之弟刀保固可以號召山頭野夷且該屬鄉鎮保甲迄未確实编组不能直接管理全境人民執行政令障碍横生此種情形已非一日造成年来迭经本署报請核示办理并

請就該局經常駐隊以資鎮攝藉以貫澈政令維持政府威信

隴川設治局情形大體與盈江相同局署不能直接管理人民且該局山頭佔全境人口百分之七十擺夷百分之二十餘漢人僅百分之幾故局署之維持治安非憑隴川土司多永安弟兄之力量推行不可歷来局署並無一兵一槍防衛隊亦徒具虛名有隊長分隊長教員而已前任局長李鍾傑品學

175

兼優獲吳多土司協調合力因將該局自治防衛隊組成計官兵二十九員各六十响槍十枝皆係土司借用所有該局自衛大隊長亦由多土司之弟多永清充任現新任局長熊占甲赴任自身曾携往少數槍械但局署僅有警衛本身之力所有全境地方治安之維持仍須土司方克負担此項任務且查該局治安以地多山頭在該屬境內尚未發現匪擾狀況惟據潞西遮放司署屢次報告以常在潞屬三台山南北壁成夥搶劫之匪徒探聞多系屬隴川之山頭伙同散兵越境搶擄等情除曾嚴飭該隴川土司切實制止越境劫擄並須維持境內治安外并飭潞隴兩屬與隴川遮放兩土司商定聯防会勦辦法確實办理以靖地方頃據該隴川設治局局長熊占甲具報境內並無股匪切結前来已核録 警總部有案此隴川之治安近况也

蓮山一局地屬本區極西距騰衝四日程故該局治安則殊賴該地自衛武力以維持而難望隣封之盈隴兩屬有以協助也查該屬境內尚無股匪經該局長劉培元具報切結據稱在案查該局直轄武力以太平蠻允兩鎮多屬漢人而前局長劉常鈺及現在局長劉培元均能負責該局自治防衛隊一隊係丁種組織兵力武器均尚充足又該局以地方情形接近邊境將國民兵大隊組為防護團有士兵一五〇名所有武器以地方私槍可供借用步槍亦有一五〇枝尚能充實其健全不過蓮山一鎮以向屬盞達廢土司之地今該廢土司思鴻陞雖民初經政府明令廢止但該廢司仍私擁不法武力約有步槍百餘枝頑強不服政令國清經迭令嚴飭該局長妥善應付現該局已遵照將局署由太平鎮遷到蓮山擬就近隨時防制

故該局治安不致成問題至保山瀘水龍陵潞西瑞麗五屬治安情況近來除遇有搶匪經飭嚴緝究办并認真防範外均尚屬良好

綜上各項係國情 此次視察督導之梗概惟念專員職務有安定所屬一區地方之責任但自所屬保安營改編以後對各該縣局維持治安之措施惟有指示方畧俾就其團隊武力謹慎將事其中如騰衝龍陵蓮山就其環境憑其地方力量尚可勉強維持現狀但萬一發現股匪或厲行禁政時山頭人抗拒蠢動則對團隊之調遣將覺捉襟見肘顧此失彼矣至於盈隴潞瑞梁五局現況已感蹤蹟難安奚論防患於驟變雖未雨而綢繆終處地方武力之有限故此次出巡當中屬據所屬縣局等呈請僉以本區國防攸關各地環境複雜亟應有紀律嚴明之部隊一團來境分駐鎮

178

攝處足以維長久之治安而政府威信之確樹地方要政之推行以及國防之鞏固咸有賴焉所以靖謐邊疆奠定邊政基礎仍懇轉請 層峯酌派軍隊鎮攝等情前來國清 視察結果亦覺所稱頗具理由

(三)救濟

查滇西戰災救濟區域亦係本署所轄行政督察區域故此本區救濟業務亦為目前要政之一除行總滇西辦事處直接運發於各縣局之救濟物資外其由行總交給本署配發者計有救濟藥械222箱又奉
省府發交本署配發者計有救濟款國幣貳億元及元青布肆拾貳大包均已根據會議所定之百分比配發於各縣局具領並呈奉
省府核准備案各在案惟各縣局領到此項救濟物資後茲遵照

省府所指示用途轉給災民如救濟藥械應由各縣局衛生院免費醫治貧病救濟款應分發災民以購耕牛種籽元青布應分發災民以製衣服早經通令各縣局遵照辦理並飭將配發清冊呈報以資考証此次出巡更復向加訓示督飭施行務期災民得受實惠咸感政府德意云

以上三項要政督察情形相應函請

貴廳查照爲荷

此致

雲南省民政廳兼廳長楊

專員 李國清

6664

事由：一件呈報遵令巡視縣屬各鄉鎮結果情形，繕具工作報告表祈鑒核備查由

附件：出巡工作報告表一份

擬辦

批示

瀾滄縣政府呈　秘字第九五七號

中華民國三十六年八月七日

爲呈請鑒核備查事：案查前奉

鈞廳令發縣長出巡辦法一份，飭即遵照辦理具報。等因一案，奉此。縣長遵於本年四月十八日起程，出巡各鄉鎮，縣務由秘書楊炬銳暫代行拆各情，業經呈報在案。查職縣因交通不便，區域遼濶，一次不能週巡，除猛連、猛海、孟連、西盟、東朗五鄉鎮，留待秋季巡視外，其餘竹塘

138

富邦、木戛、上允、文東、邦海、大嶺、蠻糯、新雅、酒井等十鄉鎮，經已巡視完畢，先後在各鄉鎮住一日或二日不等。　視各鄉鎮事務之繁簡，計自四月十八日離縣，五月十七日回縣，為時一月，到各鄉鎮時，均　召集鄉鎮保甲長鄉鎮民代表暨地方士紳民衆參加開座談會，對於禁政、治安、公共造產、教育、積谷、征兵、登記民槍等要政，均逐項分別詳切訓示指導，會畢，並邀地方賢達士紳諮詢地方疾苦，與興革事宜，收集思廣益之效。對於各級自治人員，平時服務成績，曾經縝密考查，分別獎懲。惟查職縣民族複雜，卡瓦、倮黑、擺夷、阿卡、老亢、僕滿等，佔全縣人口　分之九，漢人僅佔十分之一，風氣晚開，民智低落，加以氣候惡劣，人民多居山巔，土質磽薄，謀生乏術，自禁煙施禁後，生產抵補問題，實為當前急務，而治安問題，亦隨之而生，均經積極籌謀。職每到之鄉鎮，對上述兩問題尤特別提示善後辦法，如墾殖荒山荒地，廣種豆、麥、蕎、棉、茶、桐子，美種菸葉等農作物，廣為倡導，並實行鄉鎮保各級公共造產，用謀地方公共事業之發展。又於各要口組設壯丁聯合

140

隊防守野卡之出沒搶劫，規定守哨會哨等辦法，以期商旅無阻，閭閻安謐。再各鄉鎮之教員，概係由鄰縣聘來，精神品學尚佳，均經嘉勉在案。茲謹將巡視各鄉鎮結果，依照奉頒縣長出巡工作報告表式擷要填具，除分呈外，理合備文呈請

鈞廳鑒核備查示遵！

謹呈

雲南省民政廳兼廳長楊

附呈出巡工作報告表一份。

瀾滄縣縣長閻　旭

141

（二）交
旗飭遵
呈報府
核示
九·廿

雲南省瀾滄縣縣長巡視工作報告表

區域	日期	視察事項	處理情形
竹塘鄉	四月十九日	一、禁政：查該鄉昆連卡瓦區域施禁較困難，已嚴飭該鄉長認真奉行禁令 二、教育：該鄉中心學校辦理尚屬認真，設備亦較完善	一、已就近召集保甲長、鄉民代表及士紳等宣佈禁令森嚴，飭竭力勸導，嚴防下種 二、嘉勉該校教職員及紳首繼續努力
富邦鄉	二十日	一、治安：查該鄉治安尚好，惟上允鎮境內拉那口地方為該鄉至上允來往要道，地勢險惡，時有野卡潛伏搶殺之事 二、禁政：該鄉三十五年度多衣林地方發現夷民違禁偷種，嗣將該管鄉長、保長撤換後，業已摟剷盡淨，不遺顆粒	一、飭該鄉長調壯丁陸名，會同上允、木戛、文東、邦海四鄉鎮組織壯丁聯合隊共四十名，駐紮南栅、翁板，堵住野卡來路 二、重申禁令森嚴，訓誡紳首三十六年度嚴防下種，毋蹈故轍

42

衛生部份應飭鄉遵呈衛生處核辦

（二）項 准予備查 九、廿

（三）項 准予備查 九、廿

木戛鄉	二十四日	一、治安：該鄉西部即為野卡區雖鄉保長維特得法境內搶殺事件較少但野卡多由該鄉境內偷渡滋擾 二、衛生：該鄉公所住在地四面山高氣候含悶環境衛生亦差多生疾病近且發現牛瘟流行	一、飭該鄉調武裝壯丁拾名會同富邦上允文東邦海等四鄉組織壯丁聯合隊駐紮南栅翁板兩地截堵野卡來路 二、飭鄉公所隨時舉行清潔運動充實醫藥設備并注意防疫工作以免流行傳染
上允鎮	二十六日	一、治安：該鎮為本縣最大市場每年雨季一過四方商販雲集良莠混雜且該鎮境內邦英坡脚及邦控口兩地野卡不時潛伏搶殺 二、墾荒：該鎮境內盆地較廣水利亦便因氣候惡劣多未墾殖殊為可惜	一、飭認真登記民槍清查奸宄并調武裝壯丁拾名會同富邦木戛文東邦海四鄉組織壯丁隊駐南栅翁板兩地截堵野卡來路隨時逡巡邦英坡脚邦控口保護商旅 二、查各民族中惟僾夷耐熱且喜居盆地已飭該鎮長速招僾夷墾荒免賦數年俟有收成再行議賦以資鼓勵增加生產
文東鄉	二十八、二十九兩日	一、治安：該鄉與上允鎮來往要道之邦英坡脚地勢險惡野卡不時潛伏搶殺又與雙江縣屬得勝復興兩鄉毘連該兩鄉境內散匪常竄至文東鄉境內騷擾 二、該鎮適產栽種茶葉惟為數尚少	一、飭調武裝壯丁捌名會同富邦木戛上允邦海四鄉鎮組織壯丁聯合隊在南栅翁板截堵野卡來路又派丁隨時逡巡邦英坡脚並由縣長函知雙江縣長嚴緝散匪互取連絡在案 二、已飭該管鄉長迅即實行并斟酌氣候土質分別栽種茶棉桐子等美菸葉及其他有利生產事項

163

鄉別	日期	情況	處理	批示
邦海鄉	三十日	一、治安：該鄉治安尚好，惟[illegible]在新英城附搶殺後間或竄至該鄉境內 二、生產：該鄉氣候較冷，荒山較多，生產稀微，民間貧苦，能種茶葉為數尚少 三、教育：該鄉因受貧瘠影响，教育較為落後，中心小學尚無固定校址，正籌辦中	一、飭該鄉調武裝壯丁陸名，會同富邦木戛上允文東四鄉組織壯丁聯合隊，駐紮南栅翁板歲堵野卡來路 二、已積極實施公共造產，具報并獎勵私人生產 三、已飭該管鄉長紳首積極設法籌建校舍，并勸導孩兒童入學	准予備查 九、十六 (三)函飭遵并呈教廳核示 九、廿六
大嶺鄉	五月三日	一、治安：間有毛匪搶劫商旅 二、禁政：該鄉烟毒至三十五年度經該鄉各級首人努力拔剷盡淨 三、思想：該鄉紳民封建思想仍未脫離，對於土司異常崇敬，并准土司仍割取官肉，抽收攤捐情事，鄉公所亦難制止	一、已飭該鄉長認真登記民槍，清查奸宄，并飭土司隨時協助鄉公所緝拿土匪解辦 二、對紳首民衆訓話時業加勉勵，并對三十六年度嚴防夷民偷種，貫徹始終 三、對紳民訓話時特為告誡，嗣後務須立即取消上項抽收情事，并佈告週知	
蠻糯鄉	五六兩日	一、治安：該鄉黑河橋地帶山勢險惡，樹林深密，常有土匪在橋兩側搶劫商旅 二、禁政：三十五年度經已肅清 三、教育：該鄉原為舊縣治所在地，人民頗瞭解，教育亦為發展，有中心小學兩校，各均有男女學生百餘人	一、已飭鄉長逐日派壯丁標旗守哨，清查奸宄，從速登記民槍，并赶日派人將黑河兩岸樹木砍盡，以免匪類潛伏 二、業已嘉勉鄉保甲長等，并飭本年繼續努力，嚴防下種，貫徹禁政 三、均已分別傳諭嘉勉，惟中心第二分校校長楊贊育於月前不假離校經商，業已撤換示懲	(三)擬逕呈教廳核示 九、廿六

144

(三)存飭遵
呈教庁核
示 九.廿六

新雅鄉	八日至十三日	一、治安：該鄉境內多有大山樹林茂密，土匪潛伏其中，不時搶劫 二、禁政：該鄉蚌塘、法塘、黑山、打馬河、吉奎等地，向為匪人盤據包庇，施禁困難 三、生產救濟：該鄉居住高寒地帶，人民施禁後生活困難	一、飭該鄉長調集武裝壯丁，逐日遊巡，清查奸宄，登記民槍，險要之地派人守哨會哨 二、經飭該鄉長設法誘擒首要李發榮、戈氏弟兄、戴九雲等，并飭調集壯丁勦辦 三、已飭該鄉長調查赤貧無法謀生者，造具清冊，聽候查明，設法救濟，并飭斟酌土質氣候，改種雜糧，其種籽由鄉公所代辦
酒井鄉	十五、十六兩日	一、禁政：該鄉看馬山一帶，因接近新雅鄉所屬打馬河，被匪人戴九雲等包庇，施禁困難 二、教育：該鄉教育尚為認真，并成立有阿卡民族學校 三、路政：該鄉道路較為修築完好，略加修改即可行駛汽車	一、已飭該鄉長會同新雅鄉鄉長嚴緝首要，并調壯丁勦辦，三十六年度嚴防下種，務期根株盡絕 二、嘉勉熱心教育紳首，并飭繼續推廣夷民學校 三、嘉勉鄉保甲長隨時修補

附記

一、本表日期欄係填為鄉鎮留住日期，其由甲鄉至乙鄉行期未經列入
二、本表各欄係按各鄉鎮具有重要性之事實列入，其餘叙入呈文內聲明

民國三十六年八月　日　縣長閻旭填報

二二

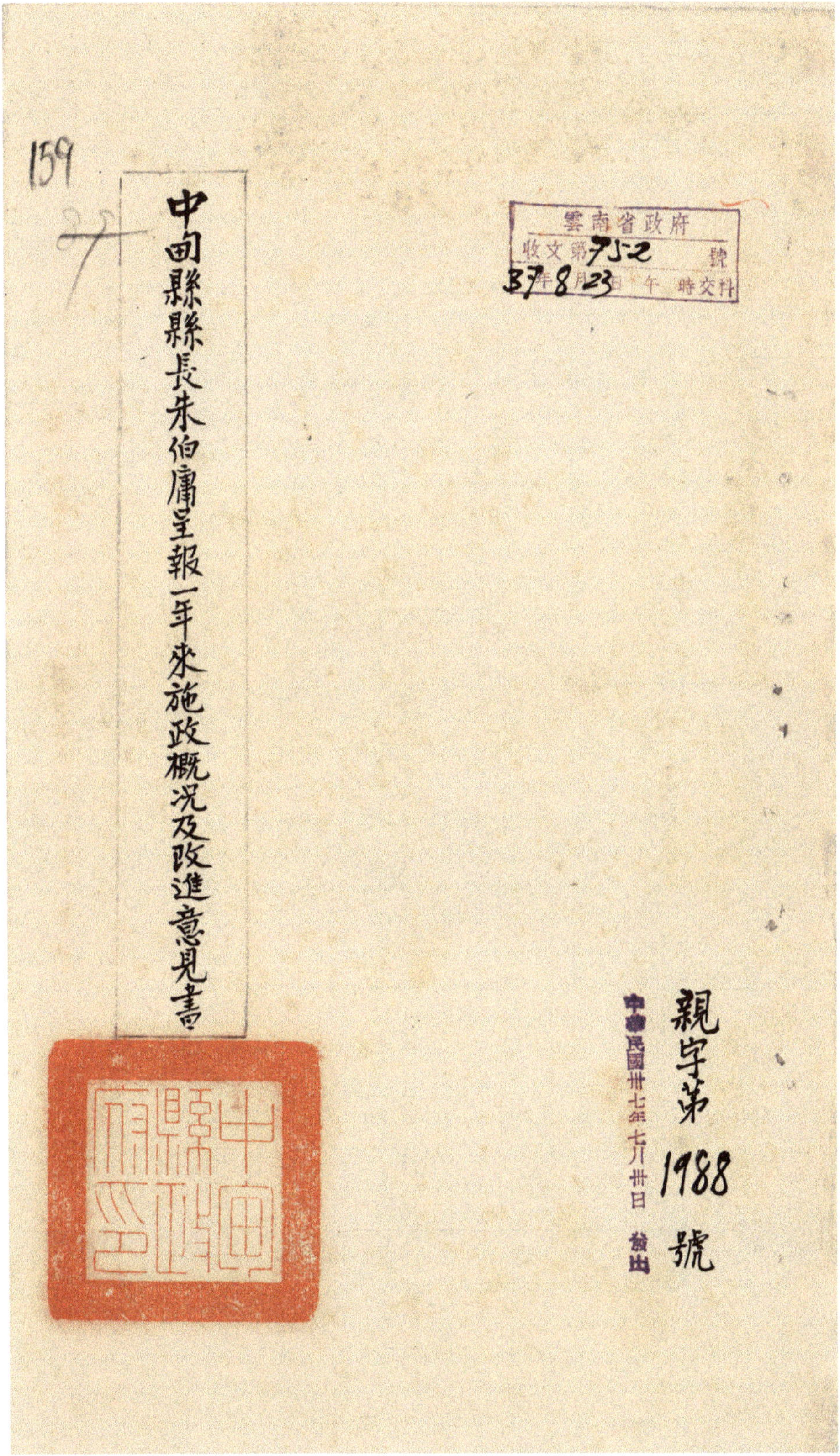
中甸縣縣長朱伯庸呈報一年來施政概況及改進意見書

雲南省政府
收文第752號
37年8月23日 午 時交科

親字第1988號
中華民國卅七年七月卅日 發出

160

000001

中甸縣政府

字第　號第 1 頁

主座鈞鑒：案查職去歲四月奉委到任後，即將地方實況，詳細考察，彙具報告及改進意見，專案呈請

鑒核在案。茲以到任已屆一載，理合將施政情形，及辦理結果，分別列舉，報請

鑒核示遵。

（一）關於維持治安，重建政府威信者。查中甸因民為藏族，自前清雍正三年歸化後，即設

民國　年　月　日

161

000002 中甸縣政府

字第　號第2頁

官該理，但因自來官吏，昧於民情，誤將此地苗夷視之，亦以待苗夷者待之，遂使藏族之民，不信政府，致歷數百年而無絲毫之改進。民國以來，政府官吏，更變本加厲，壓迫剝削，民國七年，因征收自治捐每戶人二角，遂使縣屬東旺之民，藉故反抗，公然叛亂，數度攻陷城池，焚殺之慘，及於金江兩岸，至今猶未恢復舊觀也。八年對日抗戰，政府未暇兼顧，益使邊遠勢力橫行，

民國　年　月　日

162

000003 中甸縣政府

字第 號第3頁

近共黨猖獗，麕任維西，倘不敢以實況上聞，而皆避寓金沙江邊藏族區域，不敢久居維城，更使匪人輕視政府，藐官玩法，政府威信喪失殆盡，漢官威儀全無，地方益混亂不堪，人民如陷水深火熱之中，亟望政府之予以拯救也。以是之故，職赴任之初，即抱此決心，改變過去作風，圖重建政府威信，以奠定邊區之秩序，免使影響西北各邊區之整個治安也。故乃不顧一切

民國 年 月 日

163

000004

中甸县政府

字第　　号第4页

艰危，就自携带眷属，子女大小共十口，同时进驻县城，毫不表示丝毫惧怯，而能以安定政府之一般藏族人民之轻视浮夜之因而不认念，进而谋因地制宜，求治安之恢复也！查任之初，即使全民众惊骇，以为必出之胸有成竹，有所恃而不恐，竟敢一反向例，携眷进驻县城，遂不敢稍存轻侮之心，使我初步策划之成功者也！旋复召集全境绅耆头目，到城开会，

民国　年　月　日

就全國行政區劃，人口分布，以及八年抗戰獲得勝利之事實，詳加演說，並强力宣揚戰後國際之聲譽，國威之遠播等情形，舉例證明，務使該夜郎自大之藏族，知所警惕，知所敬畏，進而宣布政府關懷邊民，數款邊區之決心與德意，並剴切訓飭維持條法公布實行，責令交戒所予免於所屬，不容再有違法犯紀，危害治安之行為，違則依法從重究

民國　年　月　日

165

000006 中甸縣政府

字第　號第6頁

於是成效大著，無敢種犯者。復以私屬歸
化寺，寺為地方社會信仰之中心，該寺喇嘛
僧眾，恃其人強馬壯，實力雄厚，素即庇蔭
匪人，為害地方，竊踞政府，竟然抗政令，乃又親
赴該寺，督飭整頓清款，清除弊款，約法而返，
自是全縣僧俗眾乃誠心悅服，不及三月，全境
清平，向之萑苻遍地，盜匪橫行者，已完全改
觀焉務，民得安居矣。值茲之中甸多年來之

民國　年　月　日

中甸縣政府

字第　號第七頁

匪禍，以縣屬東旺一區為主要，以其地接康藏，民性獷悍，加以地形險要，一夫據關，萬夫莫進。過去數度派兵進剿，均未得利，故使頑抗至今，以為政府莫如之何也。職深知東旺問題之解決，非可全恃兵力，必須藉政治方式，由根本之作釜底之抽薪，先失所恃，而後乃可獲得順利之解決也。因於本年春，查為其庇蔭之歸化寺所屬之東旺康阡（康阡為組成

民國　年　月　日

167

8

000008

中甸縣政府

字第　號第 8 頁

歸化寺八大寺院之一，其性質近似會館，亦又
含有寺廟行政者也）負責辦理東旺匪區
宣化劉撥專員任，以及辦理安善，即據該
康阡是向，該康阡前遵在政府嚴令之下由
活佛領首共五十餘人，携帶糧秣武器，設立
辦法及呈縣，呈奉縣府核准派兵同前往
東旺，實行宣撫劉辦，行政機關等名匪首
松吾格茸以，全體畏服，工作業遵得順利完

民國　年　月　日

168

98

000009 中甸縣政府

字第　號第9頁

成，嗣又由縣加派東旺保千總把總及歸化寺內西藏人喇嘛之降神活佛魯茸且真，前往該區，利用宗教感化，期收更大之效果，該活佛到達後，以文化及以降神方式，普遍宣化，責令改惡從善，悔過自新，於是東旺八甲之善良人民，皆誠心歸服，且甚悔過，[illegible]自新到府，經將辦理情形，呈報核備有案。自是，中甸之治安秩序，乃得根

民國　年　月　日

000010 中甸縣政府

字第　號第10頁

本黨宗旨，一年來確守不偷不盜，亦未嘗失信者也！較之一年前之劫掠殺人擄人貨，一日數發者，大有天淵之別也！！現在貴縣境內，安福城鄉內外，行商負販，往來貿易之熙攘商人，終日往來不絕於途，所攜帶銀錢貨物，露宿山僻荒原郊野，亦從無任何之損失情事，較之隔江對岸之鄰縣，所擄不完者，實有天壤之不同也！！此皆仰賴

民國　年　月　日

170

008011 中甸縣政府

字第　號第11頁

鈞座之德威，使其數十年來壁壘森嚴之古宗藏族，誠心歸服之結果也。此不惟多年混亂之秩序得以恢復，即多年來喪失殆盡之政府威信，得當武備，亦因此而重新得以建立之也。

（二）呈准免除各項法定之稅捐，以示優惠者。查中甸藏族，自歸化以來，政府素予優待，不責令有任何負擔，且對歸化寺院，在清政府時代，更撥

民國　年　月　日

171

000012 中甸縣政府

字第　號　第12頁

名附良宣報，以予借鑑，亦當資觀摩之意
者也。民國卅六年度全國財政改制，對於各
地方之行政開支，照案以地方自籌自足為原則，
過去中央協助地方或由國庫撥補之經費為中央
者，一律停止補助，並照案成立之稽征處，由省
委派稽征人員，舉辦各項法定之稅捐，以充行政
開支，並須按照撥解省庫國庫之法案之規定
征，甫通飭本縣委到任，稽征人員，年來諳淺將

民國　年　月　日

172

000013

中甸縣政府

字第　號第13頁

大喜功，贪名图利，不察地方实况，曾抵令，家边款以筹征收房捐营业牌照之税捐，遂引起藏族僧俗之骚乱，旋又来府请愿，除请援照内例，免予征收，以示体恤等情。按以藏族之民，生活艰苦，视财如命，向有拔命不拔财之谚，然其因地处边远，谋生不易所由致者也！况所住房屋，类皆木板为房，不合征收条例，就有边境商人，又以康藏、藏族，取前边以起

民國　年　月　日

173

000014 中甸縣政府

字第　號第14頁

大理下关一带贸易者，甚感不行留，而在中甸，自六月起征收税课，为保护之，至免通告之外起见，经协商代为转呈　恳请贵县之照蒙钧座之准拟，明令废除，至将特种税征收撤消，民心大悦，咸感戴钧座之恩德于无疆，因而愈更坚定其信仰政府，服从政令之决心！特此钧座及列宁长官，并请转述详情，恳祈惠达

民國　年　月　日

174

000015 中甸縣政府

字第 號第 15 頁

民，以為地方之保障與崇拜也！

（三）組訓民團，增強地方自衛力量者之中甸以地接康藏，民族特殊，年受康藏邊及內部匪患之侵擾，亦曾先後三度失城，燒殺之慘，至今尚未復元，而地方政府年來素乏武力，前清以來，就有常川駐戍部隊，民元以來，亦經常有一連以上之兵力駐防戍守，後因種種關係，該制遂廢，而縣政府所屬之常備隊，自來有名無

民國 年 月 日

中甸縣政府

（實）既無新餉，亦無機彈，甚至一兵一卒俱無者！縣長到任以後，縣府本身之門禁衛兵，亦皆臨時以隨行之侍事充任，所需武器，亦臨時向第七區專員公署借撥步槍二枝，暫為使用！此種情形，雖僅係年來藏族人民，必有輕視地方政府之心理者也！！殊因事實所需，及功令所在，既加諸地方團隊之組訓外，乃於經費萬難中，召集隊兵，嚴加整訓，終因缺乏武器，

民國　　年　　月　　日

176

000017 中甸縣政府

字第 號第 17 頁

槍械亦甚無，戰事緊急，請飭本省分配發，仍
就原撥獎款，迫不得已，乃就地方原有之從
從民團，切實整飭，現已完全由縣府掌
握控制，隨時可以策應動員，命令，計可動員式
千名以上之人槍，此外全之從民團馬隊，亦可防
禦外患而有餘，陲封文原，地甚要衝，最服，
現在縣城中之一處，隨時有四五十名之常備民團，
有事則可全體動員，無事則各安生業之計

民國 年 月 日

177

000018 中甸縣政府

字第 號第 18 頁

城内可能動員之民團,只有二百名,堪用武
器則不下壹百枝,本縣所劃定之防守之範圍,
指定之後,本縣預目,一面警報符號,即各接地
段,遇有發生防守區域,自待照行動而已於
城外各鄉各鎮之互相聯防守區,皆定有安
切辦法,並遵守不怠,以歸化守之喇嘛保團,
現有重大事件,不能輕易調動之也,以資一致
敢不從,作可撫新,行動紀律整齊,以保備

民國 年 月 日

178

000019

中甸縣政府

字第　　號第19頁

尚不堪為使用也！

現因康東鄉人民禍福，时虑波及，除現有征佑民團之力量外，拟積極整训常备中隊，在武器极度缺乏之情况下迫不得已，經向十三區專署請發步槍壹拾枝，亦仍殘不能使用，加之征去私有自衛手槍廿支，亦尚不敷分配！茲向專署要求另請配發新式步槍五十枝，機槍一挺，鋼盔服

民國　年　月　日

000020 中甸縣政府

字第　號第 20 頁

然今年奉，據當道實力於此方面之
中，以消除歷來一般藏族輕視團隊之因襲
觀念，此案曾呈奉
指令由民財兩廳核議，迄未奉准訓令，故
目前對常備隊之一切實際訓練問題，尚難達
預期目的也！對於常備隊之整訓，在職雖
實無若何困難，因物財政根本隔於邊境，
縣府經常開支，亦大感為難之際，對該隊

民國　年　月　日

180

000031

中甸縣政府

改良伏兵服裝者，實為一大關係，然為
邊事功令之適應，而實需要甚急，一二年來
均在籌議中，由縣長設法整飭維持，關係已
屬不堪，現因環境之需要，經竭力設法，已
使平常伏兵獲得適當之解決，而且關係及
縣長個人，減輕關係不少。但團隊之訓練，
必須求其普遍確實，稍有缺乏，即易陷於
有名無實，徒損政府威信，亦徒使邊地人民之

字第　號第 21 頁

民國　年　月　日

181

000032 中甸縣政府

字第 號第22頁

負累也。故在職團兒必須實事求是。亦既於糧款中等有着落之糧餉矣。而在武器方面。必須有足以訓練與使用之數量。更須在質量上有足以增加戰鬥之信技良器械。方足以維持軍威於不墜也。此數項基本條件如能具備。再隨技術上切實訓練之。軍容軍紀一嚴肅。則軍威自立。從此即可奠定地方之自衛基礎。亦可使之担負守邊防之任務而不虞其不足之矣。尚於

民國 年 月 日

182

中甸縣政府

000033

字第　號第23頁

鈞府俯念金江邊情特殊，有以從減豁免之！、不勝迫切待命之至！、

（四）關於首准緩征兵役，以獻大局，而安邊圉者：查中甸之兵役，自抗戰實施征兵，因藏族不宜征調，所有兵役率負任全由江邊一境之少數漢族担負，又因政府統計壯丁數字有錯，多年來概係按照一萬二千二百二十四名之壯丁總數分配征數，其實人口不足一萬之江邊漢民，多年來

民國　年　月　日

183
志3

000034 中甸縣政府

字第 號第24頁

担负此捐款之征调，在比例上，每征兵一次，即等征调五六次，累计至今，已超过本身应有责任数十倍以上矣！以藏民主体人口，不过三万四千四百四十五人，内有十分之七之藏族有服僧伽役，十分之三之人口内，尚有大半系汉苗等之民，亦该於征调，故使此僧人口绝对少数之藏族人民，独力担负此项过份失平之征调，至今已近十年矣！因之而致兵源枯竭，无可再为应征之

民國 年 月 日

184

000035

中甸縣政府

字第　號第25頁

壮健，所馀者实皆老弱妇孺，犹忆赴任之
初，沿途所见蓬首垢面，胼手胝足，力耕火种
于江岸边悬岩陡岭之间者，即此六年来征调
所馀之老弱妇孺，或五官四体有欠谐整之
成年男丁亦已，睹兹情状，几疑置身于非
人世之间，故到任后，即查阅兵役卷宗，见历
来所查报之壮丁总数，全县不过三千余名，尚
有上四境之藏族一并计算在内，乃据历来

民國　年　月　日

185

000036

中甸縣政府

字第　號第26頁

此等所根據作為配征標準之壯丁數字一二二
二四人者，實係此段檔冊之錯誤，因此一誤，
而使中甸之少數民族同胞，竟以遭受此種
無辜而又過份失平之兵役負累！因念職縣
江邊一境之民族，原非土著，大都係康邊及鶴
麗劍一帶寬邊從而來者，亦有前清設塘置
哨，由內地派戍來甸之塘兵哨兵之後裔，因
江邊土地瘠薄，此所謂一線之地，自最寬處亦不過

民國　年　月　日

186

000037 中甸縣政府

數十米達，亦有僅及一二米達者，故該氣候稍暖，適於耕種，然為地域所限，所出之產不多，生活普遍艱苦。江坡以上，氣候特寒，則非擺夷生活之所宜，係苗夷聚居之區也。年來江邊擺民，為兵役之累，多數向滇屬木果土司等地區遷移，因西緬只有普遍後彼，其兵役之累故也。誠恐此種實況，再不為上峰所洞察，必致迫使目前僅有之少數擺民，被迫

字第 號第 27 頁

民國 年 月 日

187

中甸縣政府

字第　號第28頁

而云逃役也，实真正不能云逃役者，亦必报不足之险，危害治安，影响将来国防安全之区域，永难获致安宁者也。今本府有鉴及此，为免逃役据实行，向各主管役政之机关，呈请从严核，请为更正错误之观念，了解征兵之义务，发挥爱国爱乡之热忱，认国家应指示不准亦无从，须知兵役为权利，凡属中华国民，皆有保卫之责任，皆有服兵役之义务，中甸藏族，何必抗征，不

民國　年　月　日

188

000029

中甸县政府

字第　号第29页

准缓免〻〻等因；故廿六年度征额共五十余名，仍全数责由江边浮族负担，复因接兵人员之过为挑剔，先后征集送县之壮丁近二百名，历时达数月之久，耗费人力物力不计其数，该年征兵完毕，尾欠二名，未能交足，实因验收过严，于送达丽江后，以不合格者退回中甸，故造成征兵不清，今后以此为更望明令饬遵，该年来兵更严重

民国　年　月　日

189

008030

中甸縣政府

字第　號第30頁

徵實之亦既停運矣，自民國以後，各鄉設自治
行政，呈請籌議，各地居民亦相率向康屬
運穀，情形至為嚴重，雖均頻為妥籌，方
擬請遵照呈請，以是年核辦間，復以本年及卅七年
度暨本年應徵實，又屆開徵，配征標準十成以呈報
人口為比例，計應配征量百零八石，加以居民
欠及滯延數款，總計卅七年度應征及存量
百餘擔石之數，並送本縣麗江團區佈防征調藏

民國　年　月　日

190

000031

中甸縣政府

字第　號第 31 頁

族之气氛，敌寇因之居间挑拨，民间已感不安，极度之骚动，况值康藏得荣纠纷被康藏同盟份子攻陷，事变之范围日益扩大，中甸与之紧接毗连，民族宗教复与相同，一旦若遽反向来缓征原例，必欲遵令征调，实为肇祸之根源，且中甸藏族，叛乱达卅年，甫经归顺，未及一载，若遽令强制征调，势必迫使重又叛乱，亦与康藏同盟合流，则必造成民族性之变乱

民國　年　月　日

000032

中甸縣政府

字第 號第 32 頁

矣。心所謂危，不敢緘默，爲探實際之危
害，管核，請求增兵，以全大局，而安邊圉之
內，何不勝惶悚！、直至五月五日，緬方已
奉令趕往金沙江岸邊布置防務，以防蘭坪邊
移原寧之際，而麗江團隊所派接兵人員，即
已到達緬境，在吾車鄉公所晤面，以待大軍之後
命令，限期照數徵收送縣，而藏族不時從中滋擾，
奉諭飭由緬方負責征收，送至江邊送縣，不

民國 年 月 日

000033 中甸縣政府

得推諉！」云云。奉此，當經轉飭沿邊各村寨實行防務完畢，即送及縣府，準備呈報請示之間，復先遣派接兵人員並催徵伕或藏族，不得延誤，並奉團隊催徵回前因，當地方藏族之經營者，已聞風驚駭，誠恐某生之意外，除一面撫慰約束，不許經營妄動外，另即登報得力人員，馳赴江邊，暗中任意接兵人員之安全，保護某生之意外，損及政府威

民國　年　月　日

字第　號第 33 頁

193

000034

中甸縣政府

字第　號第34頁

信，以致即不为控制，不为维持之。在此时期，正当西康东藏同盟逐月撤那曾尊，率部南犯，正与宗乡县民团头目正斗曲达激战，并将正斗曲达先派两代表人来甸请求援助。际此，县长因先与有约，且为防其同截堵，亦将其遣使求助，方正考虑未决，又蒙上级通令征藏务，民心浮动不安。际此迫不得已，坐以就安，责任所在，莫知所措，

民國　年　月　日

194

000035

中甸縣政府

字第　號第35頁

乃據實以密碼急電，分呈
省府及軍部請示，並追循去後，旋奉
鈞座以軍座名義以軍二字已復密電
核准復施下飭，職於譯出電令後，有如
釋去千鈞重負，猶在痛癢沉疴復蘇
中，亦覺病體霍然以愈，感激快慰，莫
可言喻！一面並遵照將電文抄出，譯為漢
藏文告，分飭所屬漢藏僧俗頭目大家知照，

民國　年　月　日

000036 中甸縣政府

並竭力營救
鈞座軫恤邊民，關懷藏族之德意，嘱令
切實擁護政府，服從政令，努力團結，共禦
外患，應不負
鈞座迭次軫恤關愛之德意。去後，爰擁推
派代表，到府呈請轉呈感謝之忱，並表
示絕對擁護政府，抵禦外患，以達邊疆究
守團，保衛地方之目的，絕不使上峯有所

民國　年　月　日　　　字第　號第36頁

196

000037

中甸縣政府

字第　號第37頁

歡慮恐等情，經兩方之昂勉鼓勵，現已一致容議防範康、藏邊惡，所有前此爲兵役問題而引起之騷動，業已完全消失，已共同歡之慶盛矣！此皆鈞座之明察策劃，並體察邊情，敦此族誼綏和之結果也！

以上四項，爲 職奉委到任後，在樹立深交威儀，重申邊政府威信之一原則下，根據地方

民國　年　月　日

197

中甸縣政府 000038

字第　號第38頁

分環境事實之需要，逐項努力舉辦，並呈
本校准施行，業經完全圓滿達成者，
謹據實列舉經過，報請
鑒核備查為禱！茲將有關建設教育
事宜，照查並功令，參酌事實，在無空
中逐項舉辦，各皆收效有所進展。例如
鄉鎮道路之修整，礦務商業之提倡，農
藝蠶桑之獎勵，村政之澈底推行，學

民國　年　月　日

中甸縣政府

字第　號第39頁

校教量之擴充與師資等等之充實不能專之於宣力之所及，為進一步辦理，雖然未能猛進之偉績，但亦力求循序之漸進，要皆恪遵鈞座之指示，在安定中求其進步者也！

茲再就中甸之環境事實，略條今後之應行辦理及注意事項如后：

（一）當前之急務在嚴防康藏人民自治問題之活動及侵擾！查西康全省十分之九以上之

民國　年　月　日

199

000040 中甸縣政府

字第　號第110頁

居民，皆為藏族，素性獷悍，不知王化，故以康南各縣為不易治理。滿清末年，川督趙爾豐奉開拓康邊之計劃，親自率師征剿，直達巴塘（即今巴安縣）定鄉等處，殺傷甚眾，威名遠震，拉薩、前藏聞風投降，趙乃更一一安撫，設官治理，派兵駐防，無事討剿，擬乘勝進取拉薩，為進作城下之盟，使西藏完全納入滿清統治之下，軍行中途，

民國　年　月　日

200

000041 中甸縣政府

字第　號第41頁

藏王間風土通循，旋因辛亥革命，各省獨立，趙爾豐亦同時戕殺，致邊使功虧一篑，而留駐巴安定鄉一帶之部隊，亦因粮餉無以為繼，自行解散，或因主客爭權伏將解給土民，互相攻擊，致使槍枝武器，落入民間，旋使定鄉一帶之藏族，勢力日益強大，到實為深接，北面曾一度攻至康定城郊，南面曾兩度直逼中甸，而巴安方面，更因趙爾

民國　年　月　日

201

000042 中甸縣政府

字第 號第42頁

年曾相繼赴成都留學之藏族青年二百餘名，時先後返回巴安，民族思想漸以萌芽，加以中央蒙藏委員格桑澤仁之鼓吹，先後又招收巴安子弟津貼留學者亦在數百人，格桑死後，此輩青年亦遂陸續返回巴安一帶，鼓吹民族自治，以有最近年餘來所謂康藏人民自治同盟之發現，就中諸兄不甘異黨作予參與於其間也，然

民國 年 月 日

000043

中甸縣政府

皆缺乏實力之激進份子，隨時企圖鼓動有力者俾作利用，相互对不滿意政府或失用於政府之土目等，更为若輩所籠絡鼓動之对象。因此乃有卅五年欲利用汪欽之海正濤，政變時海正濤係年逾八旬而被刺殺之要事件發生，幾乎激發滇康安邊區之重大禍亂。自利用海正濤之計劃失敗，海正濤且因此而殞命以後，若輩環顧左右，似

字第　號第 43 頁

民國　年　月　日

203

000044 中甸縣政府

字第　號第 44 頁

覺其分子亦係利用之人物，但仍不肯放手，暗
中活動，復又向陳欽言及狀頭趙吉英拉
連趙吹，但使設法攫取陳欽民團大隊長
之職位，因其趙之滇家之勢力，陳欽設法爲
長未能取銷，覺之竟中其計而未達及家之意，明
令委趙吉英爲民團大隊長，因而又激動家
無爲將趙吉英刺死之。家字又副蘇重大
案就之。廿六年冬，又委趙巴安民團隊長並

已制卡 濟办

民國　年　月　日

中甸縣政府

参议会副议长撤那鲁苷，因故与代
方苗生争执，即所谓芒下村之纠纷，保安
团长傅德铨出而调处，乃有失当，将撤那
鲁苷本兼各职一概撤除免职，激然撤
那鲁苷，遂使同盟份子又有利用之机
会，为苗动得业争安，致使得业对府对
府人员之信仰丧失，事态日愈扩大，殊为该
同盟匪徒两年来活动比较成功者也。自得

字第　號第　頁

民國　年　月　日

205

000046 中甸縣政府

字第　號第46頁

案被陷，县府秘书亚代县长张孝侯及
司法委员审判官某一行七八人逃出中甸，旋
即迳料该匪逆等必有南犯滇西之
企图，惟以当时大雪封山，行兵不便，致时
不敢窜动开侵略行为，除一面密遣干
员潜赴该匪侦察外，并严密就边境
作必要之布防，旋据报：该匪逆等于攻陷
该县后，即将对此路之残匪进兵之途路

民國　年　月　日

206

000047 中甸縣政府

字第　號第47頁

完全斷絕等情，無疑究乎，有南犯之決心，因得與中甸緊接聯連，北上之路既被阻絕，自無北向蒙康之企圖，而西向又係藏方之噶喇嘛轄地，與匪目拔那普[illegible]首素有聯絡，不惟不致向西侵略，且欲獲取於藏方者也。故南向滇康各藏族區進展，已成必然之趨勢。職為預謀打破該匪等之侵滇計劃起見，乃圖速康康

民國　年　月　日

207

000048 中甸縣政府

字第　號第48頁

定鄉縣府及所屬實力欲目正斗曲澄，與
得鄉聯合防守，互為策應，去後，亦遂使誤匪
等截斷此等模糊下之苦，結果遂不得
不先攻定鄉，亦被匪等先取中甸縣西之策
劃也。亦蓋中甸與定鄉得黨三縣，在地形
上成為三角形點，中甸居於頂角，定鄉與
得則分居底邊之對角，亦即中甸與定
鄉聯合互助，亦遂使得黨之匪遂覺不敢

民國　年　月　日

208

中甸縣政府

字第　號第 47 頁

輕動，動必遭受腹背被襲之危險也！
在彼時種戰略部署下，撒那魯茸果被
迫向後移動先攻定鄉，曾被正斗曲溪近頭
阻襲，彼方激戰多次，勝負未決，而匪衆
時虞後背被中甸截襲，又以前方難於進
展，遂仍退回原巢穴，但仍積極準備加強
實力，企圖聯絡藏方實力喇嘛，予以援助，
并圖大舉。職已設法向藏府協商并飭去

民國　年　月　日

209

000050 中甸縣政府

字第 號第 50 頁

阿秋疏通，曉以利害，俾自歸順，並與定
鄉正斗曲清等切聯絡，必要時波文方面為
援助，當不難設法遏其蠢動也。
惟查當此國界複雜，甚究戰事
正積極進行之際，彼方治安亟應妥為維
護，否則必致影響民心之動搖者也。況
滇康交通，情形特殊，民為藏族，稍有
疏忽，即易引發民族性之禍亂，撤那曾

民國 年 月 日

210

000051

中甸縣政府

字第　號第 51 頁

昔之說，即係以康藏人民自治為號召者也，目下尚能勉強維持邊之秩序者，並因藏族之民平素不知團結，內部散不一致，平素即為互相仇敵，互為攻擊，故撤那曾昔之民族自治口號，不易深入人心，為數說之為乘機搶劫，不表同情，故政府仍可利用地方民眾之力，以謀抗拒者也。又過向來政府官吏，類多不諳邊情，不恒

民國　年　月　日

211

000052 中甸縣政府

字第　號第 52 頁

民眾，一切當道施，即以為當道民可欺，不任意剝削壓榨，早失當道民信教，致藏民信喪失縱容，如康定鄉洋葉其猓，猓去不為過，為其雜其之地方官，實際完全不能行使政權，一切民刑訴訟及各項事宜，完全操之於地方土目或喇嘛寺之手，地方官竟毫不能過問者也！而過去中甸之情形，亦大抵如此，縣長每避當道，如金沙江當道

民國　年　月　日

212

000053 中甸縣政府

漢民區域之藏族之事，亦不能過問者也。此種原因，固因地方自失威信，然上級各政府，亦多不明邊區實況，不能對邊政作實際有效之貢獻，甚且處處固執法令，不稍體恤，而事事求周遍，使下級負責者無法執行，遂不得不完全出之以敷衍，舉凡一切上峯頒布之政或方案，因執行不周遍，而不惜虛擬杜撰，要作書面之文

字第　號第53頁

民國　年　月　日

213

000054

中甸縣政府

字第　號第54頁

應付，以圖塞責，徒使邊情不能上達，
上下完全隔閡，而邊民對政府之信心益
完全喪失無遺矣！！此點曲譚於上次來
圜中曾道及之邊地之事，向邊方亦屢次
向上峰陳述，請政府多加注意，設法整
救，無如上峰以爲邊地偏僻之事，毫
不關心，並不理會，以致日漸不可收拾！！云
云，亦欲有感慨之詞也！！良以邊情原亦

民國　年　月　日

214

000055

中甸縣政府

字第　號第55頁

特殊，下情又不能上達，而政府功令，又多不適合於實地，多數上級主管，又未留心實邊，通同隱瞞，一切政令之頒行，完全以其個人之方式，任由各主管科室之科員照例承轉，雖實邊比較熱心之下級地方官，肯將實情呈報，但又因格於功令，限於周邊，每不易為上級所諒恤而採納，欲求實邊，更屬不易，而上級亦不敢多所

民國　年　月　日

000056 中甸縣政府

府歟？凡與法令抵觸不符者，一概予以教
示不准，無更發生違法政事，毋予設其違！
果積至今，已非一朝一夕，此所以一旦暴發
而即不可收拾者也。
故當前違法政事，應以恢復政府
威信為第一急要，威信一立，一切禍亂
之機會自可逐漸減少！而所謂違法之政
府威信，斯可責任團在本地方發生之周違

字第　號第56頁

民國　年　月　日

216

000057 中甸縣政府

字第　號第廿頁

物理，並諳民情，廣播奉公，整飭本府，要以本縣合理合法之態度以作施政牧民之標準，自易達到此項目的，但亦必須上級主管機關，不必過於固執法令，俯察實況，在可能範圍內予以適當自由，務使下級負責者，執行稍易，上下一致，則易收治理之實效也！

目前中甸內部，已甚安謐，所虞者

民國　年　月　日

217

即漢家歧視之波及，此問題之牽
涉民族問題在內，欲求絕對防制康藏
歧視之波及，必先求人民對政府信心之堅
定，如何始可使人民對政府有堅強之信心，
時則有賴於各級政府對當地實況有透
徹之認識，而當局努力以求適應之方策，
最忌固執法令，不問事之能行與否，只圖
以一紙命令，責成於下級負責者，因為

民國　年　月　日

218

000059

中甸縣政府

字第　號第59頁

造成種種不可挽救之錯誤，殊已再再證明之。藏族係乃特殊而有固有文化之民族，其自視其文化價值特高，如對接受任何之同化與統治，凡不適應其法令，不可持而強制施行，否則即易激生變亂，歷史事實昭然，亟宜慎重於此有所考慮者也。否則，目前之安定為暫時之，不易為長久保持者也。故為國防禦康

民國　年　月　日

219

000060 中甸縣政府

字第 號第60頁

處匯編，似處一簡單之技術問題，實
則關于本身施政方略上甚遠大者也。二
年餘來，職即集中全力，注意於謀政
府威信之重建，並經努力，復蒙
鈞座之明鑒，處處予以維護，并得
達目的，初步奠定治安之基礎。現在
則城之治安秩序固已甚良好，雖非道
不拾遺，而已使夜不閉戶矣。但因時

民國 年 月 日

220

000061

中甸縣政府

字第　　號第 61 頁

務關係，民族問題等之影響，隱患仍甚巨之隱患存在也。故對於防制康東藏同盟匪患之對策，除在技術上作必要之布防外，實應特別着重施政方策之合理改善也。

（二）對藏族不可操同化，只宜求同情。藏族非其他苗夷之族可比，苗夷之族因無固有文化，且喜摹擬漢族文化，故易使服從，易

民國　年　月　日

中甸縣政府 000062

字第 號第62頁

使同化者也。蓋藏族因有其固有文化,且迷信佛教,自視其文化價值特高,且迷信未來世界,終必為佛教所同化,世界各民族,終必為佛教民族所統治,故其不肯輕易接受任何之同化,在其迷信心理上實為不易動搖之信念也。加以若干年來地方官吏不自檢點,予以不良之印象太深,現在消除此種不良之印象尚且不易,欲

民國 年 月 日

222

000063 中甸縣政府

字第 號第 63 頁

求主即將其同化之，殊非易事也。嘗有不明實況之上級長官，竟欲設法施以同化，並列舉內地若干苗族同化之事實，強飭遵照辦理，雖竭力解釋而終固執成見，以為不肯負責，甚無理要求者，實令下級負責者，有難於應付之感。在該團此等事故，團長深難之際，政府力有不逮，對該特殊民族，似不

民國 年 月 日

223

000064 中甸縣政府

字第　號第64頁

应再迫使背叛，而增政府应付之困难；故目前对藏族之策略，尚非亟谋同化之时机，只应尽量就其文化习尚，宽以容之，以德惠，使其逐渐了解政府，信赖政府，地方官吏则慎选贤能，奉行公正廉明，不贪污，不营私，俾能化其已往敌视汉官，怀疑汉官之因袭心理，进而信任汉官，了解汉官，换取其同

民國　年　月　日

224

000065 中甸縣政府

字第　號第65頁

情深安向情政府之心理，使為當局

各級政府，各級長吏所應同具之理解

與認識者也。至為能初步做到使之同情

政府，同情長吏，則民為穩不為降之成

果也。至因其同情心之建立，則凡事可

與政府合作，不致如已往之拒絕反抗，

在合作之中，逐漸培植其服從性，久而

久之，即可於不知不覺間而收同化之實效

民國　年　月　日

225

000066 中甸縣政府

字第 號第 66 頁

矣。此不求同化而自然同化之策略也。若目前一切毫無基礎，遽思同化之，不惟其無益，而且將激成意外者也。試就現有漢化苗夷民族之區域，住之人數比較衆多之，只要有少數漢人與之雜居，久而久之，苗夷之族終必同化於少數之漢人矣。但藏族區域，雖有漢人或其他民族，要之相與雜居，久而久之，雖漢人亦反被藏族

民國 年 月 日

226

000067

中甸县政府

所同化，绝不见藏族被缅人同化之事实也；中国在此前清末有不少之缅人，于此后入籍者，如多种族语言风俗等，迭受汉文之熏陶，及小中甸境之拖木郎等地，皆以上缅人聚居之地也，迄今拖木郎除有缅人坟地外，一切人民之言语风俗、饮食起居，要成藏族不啻同化矣，是故其熏陶，则为保存一部份之缅人礼俗，因有一二有心人，

字第　号第67页

民国　年　月　日

227

中甸縣政府　000068

字第　號第 68 頁

不類究竟應化，以為傳方式，必借口授，
故學漢文漢語，因此在男人間，尚可通
曉漢語，然年紀亦尚知者，能書解門對，
但亦年時之言語風俗，飲食起居，亦完
全十足之藏族風味也！由此可見同化藏
族之不易為也！！職到任一年餘，所歷經過
小中甸、桅木郎、北方，完全未見不生一絲一毫
之漢人氣象，所有男婦老幼，無一人能通

民國　年　月　日

000069 中甸縣政府

字第 號第 69 頁

漢語者，考其生活習慣及心理觀察之，亦並且以藏族自居者也。即以城内之自命為漢人者而言，亦不過在一般男子中，能通曉漢語能識漢文而有所區别耳，但一入其家，則完全藏族而非漢人矣。婦女則完全不通漢語，小孩則必入學後方學漢語，否則亦與藏族無所區别者也。實則中甸城内之所謂漢族，非純粹之漢

民國 年 月 日

229

000070 中甸縣政府

字第　號第 70 頁

族亦作漢藏混合族也。六、至縣城內之漢藏兩族，互相通婚，故已不為純粹之漢族或藏族也。就大勢言之，漢族實被藏族同化，而非藏族被漢族同化也。至近來城內藏族亦有讀漢書者，倘得學校之推廣發展，或可逐漸漢化，但亦只限於城內一隅而言耳。

（二）今後對於地方常備中隊之整訓問題，查

民國　年　月　日

230

000071 中甸縣政府

字第 號第 11 頁

中甸自來因民族特殊，皆有常駐部隊戍防，對日抗戰以後，地方駐軍即撤除，而縣府常備隊因限於經費，又毫無武器，故成為有名無實。縣長到任，迭奉上峰嚴令整訓，曾在籌備團訓中，召集學員，認真訓練，然奈武器毫無，形成有兵無械之現象，完全不能發揮保衛之實效。竊以在此邊陲，藏族素來好勇鬥狠，對於縣府常

民國　年　月　日

231

000072 中甸縣政府

備隊員，因裝備毫無，全不為所重視，況此調多整訓，亦須訓練達致目的。根據一般心理，咸認為地方團隊之整訓，除學術科目之訓練，務求熟練確實外，而最要者厥為軍容之整飭及有堪用之武器，良以向來地方匪類輕視團隊之原因，除戰鬥能力不足之外，實因團隊儀容之不整肅及無堪用之武器所由致。設令地方團隊之

字第　號第72頁

民國　年　月　日

232

000073 中甸縣政府

字第　號第73頁

服装一如正规军队，整齐严肃，则仪表上即可收望之俨然之实效，并且有堪用之武器使用，则在心理上即可使匪徒款先即慑服而不敢轻视矣。尤其在此边区之一般边民，特重外表仪容，事事求新同时代之。常备队兵，衣服褴褛，蓬首垢面，难望向地方借用步枪约廿枝，又皆系毛瑟及士乃打等废枪，子弹既缺乏，使令作战亦不克望，

民國　年　月　日

233

000074 中甸縣政府

字第 號第74頁

不惟不堪使用，即訓練亦不適用也，基於
上述理由，職愚於財政萬分困難中，先行
製發冬夏季制服，竭力求軍容之整
飭，已完全一反過去叫化之形式矣，至在武
器方面，其過程呈請上峰配發，亦未奉
准，為應急需計，乃向第十三區專員公署
暫借英製漢陽七九步槍壹拾枝，另保衛
隊單獨帶著附件，每日派出巡察，已一

民國 年 月 日

234

000075 中甸縣政府

字第 號第 75 頁

改已往一般人民對於團隊之心理矣。在此邊患日亟之情勢下，本省保安團隊調於前方，邊區駐兵守邊疆，設法切實整頓地方常備自衛隊，實為安邊防、實力於地方團隊之一良策。故職懇請以資配發團隊槍五十枝，機槍二挺，鋼盔五千頂，以便認真整訓，而固桑梓，未始不難。在職原意，因中甸情勢特殊，對常

民國 年 月 日

235

000076 中甸縣政府

字第 號第 76 頁

備隊之整飭訓練，不能以一般之法令限制之，故需用其心力，整齊服裝，整飭軍容，高尚其精神，嚴肅其紀律，使其能揮實際效用。殊因困難重重，已令仍只有向專署借用之步槍拾枝，以及縣私人自衛用之手槍數枝，一併交由該隊使用也。中甸為滇康藏間之交通重地，民族特殊，可款維持政府威信於永久不墜必

民國 年 月 日

236

000077 中甸縣政府

字第　號第77頁

政府本身有相當之保衛力量，否則亦
手空拳，雖再三令五申，迄今整
頓團隊，維持治安，亦殊無從着手者也。
過去歷任縣長，類皆以無為有，敷衍塞
責，所謂常備隊，空無一兵一卒，保隊
長一人而亦不常在縣也。此其原因，實因
經費無着，所需直毫無，為其最大困難
者也。坐是之故，不明真象，而信以為中甸

民國　年　月　日

237

000078 中甸縣政府

字第 號第 78 頁

县有自治防卫队安兵卅三只名不实在也！！

卅六年三月戚到任后，因旧任只报安兵名册，

民厅以塞其责任，而对县长予以记过处分，

竟替前人代过！！至于该队之长韩继仁，

则长久逍遥昆明，以致队兵缺额，而队部

坚锁，训练无人，迫不得已，乃由县长亲

自管理训练，并垫付伙食服装各费，并达

八阅月之久，乃由召开县政会议决定由地方

已制卡 清办

民國 年 月 日

238

000079 中甸县政府

字第　号第 79 页

负担队兵食粮，而部落问题仍无法解决者也。最近裁发夏季服装，耗费校帑者肆百肆拾元，已将县府全年经费挪垫警察，但因值此边患日亟，且无军队协令严密之防，而惟有勉力维持，以维县政府威信也。设无军队弹压下情，则夷民之叛使团之部署，则难甚发挥其所能，切实整顿，以达保卫边防之目的与任务也。兹仍

民国　年　月　日

000080 中甸縣政府

字第　號第80頁

故自前之設防，雖外表已具可觀，但因缺乏堪用之人，又因之設置，亦只是徒自耗費民間糧米，加重地方負担，且甚且有損政府之威信者也。又該隊中隊長韓挺仁，因久假不歸，先後達一年之久，歸來後又復攜帶民間少女潛逃，經由第十三區專員公署拘交縣府，訊明後，以其年撤職，驅逐出境，另呈准委張俊華及和萬生充任在案，

民國　年　月　日

240

000081 中甸縣政府

字第　號第　頁

和首边先为抗战时中，率守四行仓库八
百孤军中滇籍之尉连长，得晋少校级，
致良边役回籍者之，对于该队勋荣之补充一
席，甚边乐以资纪念而边怀特殊，故俟
先设法拨款，使之敷用，且因地方民族特
殊而文化落后，非筹款殊不宜为，民七时已
因催收每户二角，以自治捐而为边使教育进
卅年，直至去秋始安拨归收，故对此常备

民國　年　月　日

241

 中甸縣政府

字第 號第82頁

隊稽核，亦不另算款價鈔，甚望能免

費人配發，專案列冊保管使用也！

(四)中甸動關西北邊之安危，應請上峯重視，

不致一誤再誤——查中甸三面爲金江環繞，

北面緊接西康，雖連藏方，民族與語言

與康藏相同，形成一特殊區域，民七以來，

叛亂達卅年之久，歷任長吏，遠處江邊

一隅，政令不能行使，威信喪失殆盡，在

民國 年 月 日

242

存

000083

中甸縣政府

字第　號第 83 頁

此疆圉之失域三度，政府未能兼顧，坐令乖違
務日益囂張之地方官不敢以實況上達，偏
說及於麗江一帶之貽誤邊區不可收拾，江
邊一線之地，雖有少數漢族，而皆受制於
藏族，鄉城周圍數百里，則更係藏族聚
居之地區，過去之騷亂，因其文化背景，
不過以少數之反抗作用與企圖擄劫而已。欲
則因[illegible]先生康藏人民自治之宣傳已

民國　年　月　日

243

000084 中甸县政府

字第 号第 84 页

不似过去之共党政治作用者可比。故今后之反
政府，对中国之新政策略，亟应有所改变，
不宜一再固执法令，而使下级负责执行者
无所措手足之。必上下一致，重视现实，针
对现实，另谋所以适应之方策，庶足以维
持政府威信于不坠，而维护确保西北边
疆之安宁，亦惟是请深民族性之研究者
也。此问题于去年办理时，即已详细陈

民国 年 月 日

244

000085

中甸縣政府

字第　號第 85 頁

具報告，呈請
鑒核有案，但因此等仍以中甸問題為一般
邊區問題，而以同一眼光看待之，未能特
加注意與重視，故未作積極之設施者也！
殊不知，中甸問題雖似一般邊地問題，而其
性質實有不同也。查其他之邊區民族，
如苗、印、彝，而皆無特殊之固有文化者也！
且其他之邊地民族，除其本身外，更無

民國　年　月　日

245

000086 中甸縣政府

字第　號第86頁

须大之同宗族、同宗教、同文化之民族为背景者也。中甸之民族，除汉本身为有固有文化及宗教信仰而外，尚有人口众多，文化宗教历史久远及政治地位特殊之西藏民族为其背景，其情势实大有不同于其他之边疆问题者也。故欲以政府绝不能再以过去之眼光与态度对付之也！

（三）中甸之县财政必须立予充分援助，查

民國　年　月　日

246

中甸縣政府

000087

字第　號第 87 頁

中甸原为唐古特部落所属，在前清雍正以前直属西藏，有一时期曾隶丽江石鼓土酋木天王，因不堪压榨，乃于雍正二年正式归汉，清政府特设专治理，人民自来毫无抵抗，对归化寺喇嘛达千或百余名，清政府且按年按名给食粮，示羁縻之意者也。二十八年正式设厅，以至改县，一切政费支出，皆由省接补，因此方处于高寒，生产有限，除青稞外（類似小麥），其余五谷皆不能生长，

民國　年　月　日

247

000088 中甸縣政府

字第　號第88頁

民生也者，故歷來皆為協餉縣份，至今人民皆以牧兼農，大部生活賴牛羊，其所以地方經濟狀況猶能維持自足自給，而造成以搶劫為能為榮，恬不為怪之特殊風氣者也。自卅六年財政改制，以各縣舉辦法定稅捐，以作行政經費，乃因人民居所，要皆木版散佈構成，又無設立經商者，故所謂之房捐營業等稅，因無征收對象，亦不能舉辦，況藏族自來受政府優待，

民國　年　月　日

248

000089 中甸縣政府

字第　號第 89 頁

歸化以來，不責令有任何負擔，習以為常，視為當然之事，驟行徵令其納任何稅課者也。民國七年開辦自治稅捐，因抽收每戶貳角之稅款，而遂使土酋藉故叛變，迄廿六年之久，直至去歲始辦理歸服。現在各項稅捐已奉明令緩辦，政費由土司攤貼，但差數甚大，不敷在數十倍以上。今後縣府之經費，仍無法由地方自籌，自足之，倘有之，拔房及田糧，當照為數根

民國　年　月　日

中甸縣政府 000090

字第　號第90頁

甚微，每年不過千餘萬元之法幣，此外即直毫無收入，本年上半年度今據補一億四千餘萬元，至今尚未領之款，因幣值暴跌，即領下亦不值幾何矣。且明年度今之明年尤再補助，仍將責由地方自籌，以此之嚴重問題將使負責者無所措手足之。上級如將中甸問題與其他各處同一看待，而不予設法交通商道者，今後之財政狀況，必將計無所出之

民國　年　月　日

250

中甸縣政府　000091

字第　號第 91 頁

意外者也。

以中甸之地理形勢，中甸東西南三面為金江環繞，天然自成一區，北與康省連界，境内崇山峻嶺，多終年積雪，羊腸鳥道，至為險要。自内地南來北上，有上下兩路可達中甸，以西康來者，上路度金江口，即越青迷樹雪坡，坡長約廿華里，兩旁荊棘叢叢，樹木蔽天日，中為羊腸鳥道，備極險要，稍

民國　年　月　日

251

000092 中甸縣政府

字第　號第92頁

一夫當關，萬夫莫開之者也！下游之渡金江後，經下橋頭，循十二欄干山脈而達中甸縣城，亦懸岩絕壁，為行軍所忌者！外此即為高山所阻，不能超越而為通者也！至於縣城西北之地，無路高山峻岩，難於通行之所，然近年來成為藏族匪人恃險盤據之處。故中甸縣城外有金江之險阻，渡江後又有高山峻谷為屏障，而內則有西北部之懸岩絕壁之崖

民國　年　月　日

中甸县政府

字第　号第　页

腾冲道，均为英军所占之地，因此之故，康藏匪逆人及境内流匪逆，无不盘据之以为攻守之根据地也。近十余年以来，东藏自治同盟匪逆人，於莽动战事，攻陷得荣以后，即积极图攻取中甸，以为其中心根据地也！政府军队，行军到达此种流域，不悉地形之已实不利，加以地不产五谷，粮米军需之补给即大感困难，故历来政府在中甸用兵不易得

民国　年　月　日

253

000094

中甸縣政府

字第　號第94頁

利者，即受此種狀況環境之影響也。基於上述原因，今日政府對中甸之策略，在於對付特殊民族而使之悅服者也。故特別着重政治方式之運用，第民族只可以懷柔勸導，而不宜強使用，免從損民族信仰，而發生嫌隙也。中甸縣城周圍數百里，悉皆藏族，重重包圍之中，城中居民亦大皆藏族，而非純粹之漢人也！故在此縣城，除着於因勢利導，恩威互施，使

民國　年　月　日

254

000095

中甸縣政府

字第　號第95頁

其誠心悅服外，實不易專恃武力予以誘使懾服者也！

（七）中甸之宗教地位：中甸為佛教聖地，因西藏大寶法王曾坐化於中甸，據其遺信說：「中甸被視為未來佛教之中心，亦為藏將移至大理雞山，以藏印，後移至中甸」，故今日康藏民族每年春季必往來於中甸、大理，以朝謁兩大聖地也！

中甸城南約卅里，有大寶寺，即大寶法王坐

民國　年　月　日

255

000096 中甸縣政府

字第　號第96頁

化之所，為佛教民族所崇仰宗教之聖地，凡西藏人於一朝中甸大寶寺者，社會地位亦為之增高，而中甸人之赴西藏者，亦被視為聖地之民，而羣與觸歎為神以為榮，至忘以為已間接得朝大寶聖地也。因此之故，東藏同盟（非述人），欲利用此種宗教之迷信心理，而謀奪取中甸以為發展者也。加以中甸歸化寺規模宏大，僧眾特多，從數在二千名以上，人強馬壯，武器

民國　年　月　日

000097 中甸縣政府

藉良，如得中甸即可增强实力不少，并地位可以传檄而定者也。此亦为东藏匪逆计划谋取中甸之另一原因也。故在今日为中甸负责者，必须随时警觉，妥谋防范，俾收制敌机先之实效；若稍有大意，而必待事发之到临始谋应付，则已不及矣。故自东藏匪逆攻占得荣，计划南犯中甸之讯，职长不得不迅与定乡切取联络，以为牵制者，

民國　年　月　日

字第　號第伍頁

中甸縣政府

000098

字第 號第98頁

即必著於消極防範或戰之一紙策略者也！今后政府之黨政軍政長官，均能同有此認識與覺悟，而要為實事謀適應之也！如不然者，則當今穩定實施者，理想失慮，種欲藏族之武裝行政措置適于者，亦足明此實況，而徒空談建設，空談教化，形諸陽勸擾懷，於事實毫無裨益者也！

（八）中甸之行政組織——中甸民族，習固守常，

民國 年 月 日

000099 中甸縣政府

字第　號第 97 頁

不亦改進，未歸化前，皆以土官為統治之，即以蠻族領袖為統治階級者也！歸化以後，利用土官，而另設守備千總把總等名目，以協助政治之官治理政事，此亦土官制度之一種也！但中甸土官與他土司不同者，在於中甸之土官本身並非主管，亦非世襲，而由地方官撤換或拔補，係乃協助地方官推行政令，執行命令，而屬於佐治人員之一類者也！計中甸無例設土

民國　年　月　日

259

000100 中甸縣政府

字第 號第100頁

守備二員，土千總五員，土把總十六員，所轄廿三員。按：全區中甸原分五境，即大中甸境、小中甸境、泥西境、格咱境及江邊三境是也。守備統轄五境，千總分轄一境，把總分屬千總之下，而分轄一定之户口，有事則調集所屬壯健，由把總率領，受千總之指揮，担負保境安民之責，此制至今不改。自實施保甲制度後，僅江邊一境照章成立鄉保甲之新制度，

民國 年 月 日

260

000101 中甸縣政府

字第　號第101頁

而千總把總之制度仍並行不廢，但千把總僅負擔當差役之責任，其與有關自治及政令之推行者，則完全由鄉公所及保甲人員辦理，故該等邊境之土司，已漸趨於淘汰而沒落，在政治地位上已失去其重要性矣。惟北四境因系為藏族區域，保甲法難於實施，鄉長亦不過名目，而仍由千總兼任而已。情勢恰與江、古邊境相反，至其藏族村落之土司，如

民國　年　月　日

261

000102

中甸縣政府

字第　號第 102 頁

廢除土司与政府御保甲長等名目，不特民不信服，務事亦受阻碍，不若沿用舊制之順利無阻者也！中甸之土司，对政府功令，未能服從執行，除因事實上碍難辦理者外，土司之存在亦能影響政令之進行也！尤其在此时期，对於中央掌握民衆，控制人心，諸多有賴於土司之承上起下也！中甸政府之御保民團組織，即利用此層節制

民國　年　月　日

262

000103 中甸縣政府

字第　號第 103 頁

度與發揮民眾力量也。故縣長認爲
制度之新舊，與其關乎事業之成敗者
少，而在於爲利用，因勢利導之，則舊時
之制度，固仍可使之發生新力量也。如不能
善於運用，雖有新制度之，仍與舊制度同
腐敗，或有過之者也。此所以今日內地各縣
之鄉鎮長，總成爲新興之劣紳土豪，而
未能達成地方自治之任務與目的也。以目前

民國　年　月　日

263

000104

中甸縣政府

中甸之情形論之，土司制度實為適應當地方特殊民族及特殊環境之需要者，以其本身既不致增加人民之負擔，有事且可飭令其屬下所管之保境安民，臨時有必需舉辦之者，亦可以飭令其負責辦理，更可補助政府之不及，實較之其他地方之土司迥無不同者也！是以中甸之土司與鄉鎮保甲人員，又不過名義上之差別，制度

字第　號第104頁

民國　年　月　日

264

000105 中甸縣政府

字第　號第105頁

益之不同，而在運用底效益，雖為適應環境事實之一種制度，似可不必亟求取消，而與其他之土司同一看待者也！且制度本身無善惡之別，善用之則有善果，不善用之則有惡果！如利刃與槍砲，其本身亦無善惡之別也！惡人用之則禍世殃民，善人用之則保境安民，要在乎人之能否善於運用而定也！

民國　年　月　日

265

中甸縣政府

字第　號第 106 頁

九、對於人事關係：中國自滿清退位，民國肇造以來，一般人士咸主張趨重法治，以法國時代潮流之所趨，亦必然之事理也。雖數千年來特重人治之習慣，未必於一旦完全廢除，法治之基礎亦未易立即建立之際，僅人治法治之事實關係仍普遍見於全國各地也。尤於邊遠區域，交通梗阻，文化落後，人民不知法律之效用，缺

民國　年　月　日

266

000107 中甸縣政府

字第　號第107頁

全賴諸之知識，在在皆賴乎有賢良之
官吏以推進並化之，則社會秩序始可穩
得安定也！故邊政之實施，尤特別着重
於慎選賢能，而免於固執陳令者也！
以中甸一般藏族之心理而言，更見其得
人而治之實關重大也！蓋藏族之良懸
不因良法，對地方官之信賴與畏服，全憑乎一
己之學究以爲轉移，若能行其政教，則非有

民國　年　月　日

267

中甸縣政府 000108

字第 號第 108 頁

嚴刑峻法亦不能限制其橫蠻之行為；苟為邪說學派，則又將附耳備極信賴而不敢稍有違抗者也。故中甸之民對政府官吏，每憑主觀意識之作用而形成保家衛族之心理也。今國家法令所以維繫之關係者也。其在此種心理，故吾政府對於邊民之要務，必慎重選擇，必求平等待遇，兩俱適宜，人情事理亦甚適

民國 年 月 日

000109 中甸縣政府

字第 號第109頁

通达，有服务之热心与兴趣，更有研究实验之精神者，能足以胜任愉快，能得民心之信仰与服从也！否则，按标准籍者，一到边远之地，必与边民极之不相融，设再敷衍私慾，则未有不失败与撤换者也！于个人之失败，所关尚小，而能误于国家民族者，则所关实甚大也！以上述边要之选择之标准，固不易得，但必求于通达

民國 年 月 日

269

000110 中甸縣政府

字第　　號第 110 頁

事理，熟諳人情者，必可獲得所擬之
效，因是咸宜之致，能否得即在政与民对
立，即在政通民穆家，亦即可以免除上峯
之督责，欲达此者也。每见许多初当民牧，
或对其原行政方法非熟悉，出马即身居
高位者，乃每事又不留心民隐，动辄高谈
阔论，不曰教育，即曰建设，甚至援引东
西洋文明之政治事实及理论，企图施行之于

民國　　年　　月　　日

270 3

000111 中甸縣政府

字第　號第111頁

比年時來開之侵城，又不肯安心於家業，常將固執成見者，不惜徒滋紛擾，亦不為害不勝詳，實不令人安許之禍國殃民，程度之淺深實相等也。際此國步艱難，戰亂戰爭緊張之時，對邊方要地之行政事宜，不在乎強制同化，亦不在乎亟謀政治之建設，其最要者實在於以寬大謀安定邊陲，以保計劃安撫百姓之

民國　年　月　日

271

000112 中甸縣政府

字第　號第 112 頁

此實為當前不可忽視之急務者也！！且邊區不得安，百姓不就撫，則邊區之禍亂，必相繼而起，則將使政府有前方後方腹背受敵之危險，甚至有引發不堪設想之重大事變者也！

以上所言，是為急就一年來之事實所擬，及環境需要，逐項列舉，報請鑒核為荷！至於各項所含之實施細目，則有

民國　年　月　日

272

000113 中甸縣政府

字第 號第 113 頁

待於詳細研討，或於實際工作中相機決定者也！！蓋邊情特殊，隱患堪虞，亟見所及，心所謂危！！謹不揣冒昧，不避冒瀆，據實臚呈如上，伏祈

俯賜鑒核施行，不勝迫禱！

肅此敬叩

鈞安

職朱伯高謹呈

民國 年 月 日

卅七年七月卅日完稿

273

中華民國三十七年七月卅日

中甸縣長朱伯庸

謹呈

收文第　　號　　10

4

大理縣政府（呈）

事由	擬辦	批示
為遵電經常下鄉視察呈具親筆日記一份送請核備。		存查

發		文
附件	日期	字號
日記一份	38年7月15日	理民字第441號

一、案奉雲南省政府(卅)秘(一四)字第1061號代電內飭常時下鄉視察並親作日記呈閱等因。

二、三十八年度開始職為使鄉保各級自治人員及民衆明瞭政府施政要領並視察地方實情人民疾苦起見於一月二日開始赴各鄉鎮視察，召集鄉保長鄉民代表及當地男女民衆將自衛建設征兵征粮諸要政詳為講解，並檢閱各鄉鎮

第　頁

檔號

54

自衛大隊予以講評及鼓勵業於一月十日巡視完畢。

三、至各鄉鎮時縣長及隨往工作人員均自帶飯票交與鄉鎮公所，以樹立廉潔風尚。

四、除檢閱各自衛大隊結果另呈 省保安司令部備案外。理合將下鄉視察情形檢同親筆日記報請

鈞長鑒核備案！

謹呈

雲南省民政廳廳長楊

大理縣縣長邱名棟

已制卡

第 頁

檔 號

大理縣縣長邵名棟 廿六年一月

下鄉日記

出巡日記

一月二日 星期日 晴。

晨趁車出巡北鄉，楊副官長、耿副總隊長、楊科長同行，沿途見男女老幼正挑土修路，頗感愉快。午後二時抵喜洲，因嚴宝成貝、爲子完婚，趁前道賀，嚴強留過宿，嚴府以經商起家，富甲迤西，是日冠蓋雲集，極一時之盛。

晚餐後與警察局長散步沙村，見數家漁婦在屋前補網，完畢則持石槌擊海螺取肉，詢其每日捕魚情形，謂僅敷生活而已。

一月三日 星期一 晴。

校閱五台雲陵兩鄉鎮自衛大隊，到六百八十餘人，除雲陵鄉廿餘壯丁持有長矛外，餘皆徒手，各隊步法均甚生疏，戰闘教練更談不到，于講話中將自衛組訓意義詳爲講解，並指示北段三鄉鎮自衛大隊由童局長兼聯合大隊長，就近督練，以期確實。

下午召集五台各保長、鎮民代表及士紳開會，以自衛、建設、征兵、征粮列作當前鄉鎮要政，於解除民衆疾苦方面，縣府自本年一月起統籌發給鄉保經費，嚴禁鄉保攤派，並飭令鄉鎮改組調解委員會，就地調解民衆糾紛，以息訟端。

會後爲解決該鎮前四保兵役糾紛二件。

一月四日 星期二 晴。

偕周司令也上閲視察地形，該地位雲弄峰之麓，築有城垣三道，碉堡五座，形勢天險，惟為土匪來襲，仍決策守山頭。

該村昨夜捕獲慣匪楊炳能一名，曾據董局長呈報，予當予嘉獎。

至波羅塝村，猶見匪頭一顆懸於路邊大樹上，覩者如堵。

午至雲渓鄉公所召集保長、鄉民代表及民衆開會，予講話大意見昨，楊副鄉長、耿副總隊長、楊科長相繼講述有關業務。講畢當場為各保解答實際難題，並詢縣府負責有無苛索情事。第一保及第三保謂有段姓楊某月前於催兵時曾索取旅費現金五一元，予當以現金二元墊還，候返縣時再予究辦。又民婦汪氏呈報其長女因贅婿出征，為惡霸胡沛撿去為妾，即派警拘提胡沛來府審辦。

10

晚在嚴府與楊紹南夫婦弈棋消遣，楊夫人上週自滬歸來，道滬上情形甚詳。

一月五日 星期三 晴。

晨應楊顯成夫人邀在楊府早餐，餐後即赴桂樓鄉，至則保長等尚未到齊，乃偕楊副鄉長至田糧征收處視察征收情形，上濟橋征收員黃顯發，據向日之中征達九成五，成績優良，當面亦須發與狀一張。又至農家訪問，詢以收成好否，答謂九成之譜。每畝納租若干，答謂七斗。約佔收成之半。又每月門戶負擔若干，答謂一元二元不等。又至他家訪問，所答大致相同。

在保長及鄉民代表會上講詞大意與前相似，會後稍詢該鄉

114

自衛大隊，所到壯丁中幼童較前兩鄉鎮為多，且無槍支，予指講話中告其已向軍械局領到一批舊槍，不日可修好發給，並舉二十年前股匪張結疤蹂躪大理之例，以相警惕。

迫抵縣城，特已燃火[illegible]之矣。

一月六日　星期四　晴。

大理實業股份有限公司開創立会，囑予為籌備会主任委員，担任主席，特公司籌備經過，及營業項目為電力、染織、製藝等部略為講述，繼通過公司章程，並選出董監事，至此大理實業公司之創立工作，得以初步完成。

晚宴請羅專員、史專員，邀周專員、周司令作陪，席間語及屯

前国家乃发，咸表爱宪。

一月七日　星期五　晴。

兼后至凤阳乡巡视，时保长亦到齐，偕杨副乡长查看田赋征收实收粮情形，升斗系由上粮者自行升平，办法尚属公平，惟已收数仅达四成，据保方面，亦谈田粮皆收仓，此为缺点，当予指示设置，并嘱田粮干事从速催征。

检阅自卫大队，到三百二十五员名，壮丁素质颇良，动作亦迅速，除队旗外，并已制备各种勤务队小旗，官长精神旺盛，为前三乡镇所不及。

继在乡公所召集保长乡民代表讲话，大意如前，讲毕为解决实际困难问题，有询应如何阻止部队砍伐树木，予答以先善言相劝，如不然，可吹牛角集合壯丁予以逮捕，送縣府法辦，蓋此外實無其他有效辦法也。

於月色下策馬返縣，沿途樹影朦朧，萬籟俱寂，但聞歸蹄得得，另是一番夜旅情景。

一月八日 星期六 晴。

晨赴清碧鄉，到後即開始校閱自衛大隊，該隊均係強壯村民編成，且能作分列式，其訓練程度較前所見之鄉鎮為佳。隊長隊附精神壯盛，服裝整齊，予為講述自衛組訓大要，指明訓練科目以射擊要領，集合解散，野外勤務等項戰鬥動作為主，制式教練次之，繼在鄉公所對保長及鄉民代表士紳講話，大要如前，楊副鄉長於[illegible]偕文田糧之餘，並懇切呼籲嚴格組訓自衛隊，擁護本縣賢明縣長，俾於戰亂中保衛地方。

晚赴飛專員宴會，師區楊參謀長初自昆明來，爲道近日官方通電擁護和平情形，中央且邀英、美、法、蘇出面調停，惟以目前戰事形勢，共黨佔上風，觀察家咸認和平仍難成功希望。

一月九日　星期日　晴。

至玉潭鄉時，各保長尚未到齊，偕楊鄉長至征收處查視，鄉民上糧者頗爲踴躍，凡納芒谷者按普通谷加一成，據征收員云加一成谷碾出之米，始與先谷相等，此爲經實地試驗而得者。雖倉設有收糧登記簿及發收據，尚稱完備，所用員工則較法定多兩倍，謂在非征期，间，非如此不足以应付，其苏浙沪所由征谷碾余支付，此亦适应实际之变通办法也。

午后一时对各保长及乡民代表演说，于取缔帮会及严禁烟赌特加强调。继即检阅自卫大队，所到壮丁素质甚佳，且能作队形变换，予当场宣示，凡参加编组之壮丁，得免却一切款谷门户负担，查参加编组者，大都系普通农家子弟，富贵人家子弟大多规避，唯此亦符"有钱出钱，有力出力"之原则。予并将此项规定谕知其他各乡镇。

一月十日　星期一　晴。

福音医院护士学校举行毕业考试，予为监考，试题系教育部寄来者，该院教学颇为认真，学生应考似均不感困难。

16

中午至中和鎮召集各保長鄉鎮民代表講話，大意為前，對該鎮楊鎮長將鎮公所整頓一新，及修築城垣等項，特加獎許，參觀大操場檢閱該鎮自衛大隊、常備中隊、警察與消防隊、救護隊等均參加，隊形頗為整齊雄壯。並請周專員蒞臨訓話，並於發給槍支及豁免壯丁門戶負担特加說明，末由耿副總隊長對於操演科目分別予以講評。

檢閱畢，偕周專員至鎮公所巡視，並攝影返府。

大理縣縣長鄭名棣摘錄 三十八年一月

一二三

曲靖縣工作報告

曲靖縣工作報告

縣長由姚安調署曲靖，於本年十月十八日到任，截至奉令赴省開會之日止，實計到任一個月有六天，因時間短促，尚無成績可言。茲奉令報告，謹就到任以來所辦重要事項，從簡報告，因奉令之初，未曾規定攜帶報告來省，並無準備。所報各項，僅憑記憶陳述，其中數字，皆係大概，恐不正確，合先聲明。

甲、治安

(一)整頓團警，巡察城區。 查曲靖地當孔道，五方雜處，散兵遊勇，及地方不能自存之貧民，互相裹脅，出沒為患，城鄉時有搶案發生。地方治安，過去多賴駐軍維持，殊非長久之計，

124

欲使地方治安確有把握，首宜整頓團警，充實力量。查防衛隊及警察員兵，除照章領用公糧外，每人月領副食費五百元，與實際生活需要相懸太遠，以此兵警員額不足，訓練鬆懈，難負治安責任。經提縣政會議議決，自十一月份起，提高兵警待遇，每人月領副食費三千元，官長待遇，亦比例提高。兵警名額按照規定補足。每日天曙集合縣府，由縣長點名後，再赴操場認真訓練，輪流站崗。晚間將全城劃分區域，分班查夜巡察。城內治安，已無大虞，一俟訓練精熟，或可相機勦辦，奠定四鄉治安也。

（二）建築碉堡，守護公路。 查本縣沿公鉄路常有搶劫車輛

128

事件，月前經共駐軍商定，派兵一排駐紮曲馬交界之三岔地方，以資扼守。沿途各地，均擇定適當地点，建築簡單碉堡，由當地保甲，派遣武裝壯丁哨守，沿途聯繫，互相策應，以備不虞。

（三）訓練壯丁，共同保衛。本縣為普遍防衛，安靖四鄉起見，特擬定曲靖縣冬防治安維持辦法一份，提經軍政聯席会議議決實行。其中規定各鄉鎮甲乙級壯丁，一律參照國民兵團，組織為鄉鎮保隊甲班，設立鄉鎮保隊附及甲班班長，自舊曆冬月初一日起，至臘月底止，每日午後四至六時，就地集合，施以軍事訓練，并分配担任下列任務。

（1）清查户口：首先於國曆十一月八日舉行一次，以後逐月臨

126

時規定時間举行。

(2)清查旅店：各村鎮旅店，每晚清查一次。

(3)鄉村巡邏：每晚夜間，各村鎮均應輪派壯丁，通宵巡邏。

(4)哨守道路：各鄉村道路要隘，均應輪派壯丁守哨。

上列各項，均經會議議决，分令各鄉鎮實施。

以上各項，均係就地方情形，參照法令，分別辦理。惟查地方團警使用槍枝，歷年已久，破壞不堪，子彈又無来源，而土匪多使用美造新式武器。以此悍然無忌，應請從速統籌，呈請就供應局庫存新槍，酌發使用，庶足充實力量，以息匪風。

127

乙、積谷

查本縣積谷，准楊前縣長移交，本年實存倉二千九百餘公石，本年度借放人民二千九百餘公石，兩項合計五千九百餘公石，卅二年遵令借碾軍糧一萬六千五百公石，尚未歸還，總計二萬二千肆百餘公石。其餘歷年蒂欠民間之數，則屬無法清收。上述本年度借放人民之數，業經派員分區督導催收。其借碾軍糧之數，亦經咨請縣田糧處籌撥歸還，尚未得覆，一俟催收完畢，即照本年通案量交合作金庫接收，實有若干，再爲呈報鑒核。

查積谷不特爲備荒要圖，且爲地方重大財源，今後擬交合作金庫接辦，若善於管理，認真收放，以其餘息，從事地

178

方建設，其成績甚屬可觀。惟查此次省政府議決雲南省倉儲監督管理經營運用辦法內，規定貸放積谷，以二分二厘計息，衡以每年春放秋收，爲期只有半年，則尚不及原日年收息谷二[illegible]之數，似覺過輕，可比照原日規定，加爲月息二分五至三分也。

丙、禁煙

(一)繼續禁種，嚴厲禁運。 查禁種方面，曲靖歷年均已做到，尚無問題。本年叠經遵令嚴行申禁，預料亦無它虞。禁運方面，因本縣係當滇東門户，公路鐵路橫貫之地，叠經警備總司令部規定統一檢查辦法，在霑益車站實施檢查，其他地方不得檢查。惟恐鄉村小路，或有疏漏，業已分令各鄉鎮隨時嚴行查禁，以免偷漏。

（二）限期戒吸，準備調驗。查本縣禁吸工作，歷經前任縣長設所調戒在案。惟因癮民尚多，並未肅清，現經令據查數，猶有癮民四百餘名，特召集縣政會議議決，令飭各鄉鎮轉飭癮民，自行購備藥品，限四十日內戒斷，期滿即行飭由調驗所分期調驗，如經驗明未曾戒斷，即行實施勒戒，並予懲罰，以期早日肅清。

查由請禁煙工作，應以禁吸為重，惟因地方財政支絀，調驗所缺乏藥品供給，而一般癮民又多係赤貧，勞工無力購買

繳費，擬請由
鈞廳就各縣查繳煙土，充分製造戒煙丸藥，免價發給各縣使用，俾能普遍施戒，早觀實效也。

丁、自治

（一）改選鄉長，糾正弊端。查本縣鄉鎮長任期，早已屆滿，楊前縣長任內，即經遵令實行改選。惟選舉結果，十四鄉鎮中，有四鄉鎮發生選舉舞弊之訴訟，牽延未決，縣長到任後，經召集縣政會議議決，凡無糾紛者，即予給証接辦，其有糾紛之鄉鎮，係由縣長下鄉考查實情，依法解決在案。嗣經縣長下鄉，每到一鄉鎮即召集全體保甲長校長教員士紳二

131

二科

百餘人，宣布時政，研究訴訟虛實，分別改選給證彙報，以重功令，而專責成。

（二）充實設備，增進效率。查鄉保公所之設備，早經鈞廳規定標準，分令實施，惟因鄉鎮經費有限，設備未盡合格，且因人事變動，原有物品，亦多散逸，茲經申令各鄉保查遵前令，設備完善，其鄉鎮公所及保公署應設員役，亦須照規定設足，每日按時到所辦公，不得因循廢事。

查鄉鎮長原由縣長委任，一般鄉紳，互相競求，弊端百出，民國卅二年省政府頒布實施民選鄉鎮長辦法，規定先由縣政府檢核合

132

格之鄉鎮長候選人多人，再由鄉鎮民代表會投票，從中選舉，用意甚善，結果甚佳。本年

鈞廳轉發中央頒布鄉鎮長選舉辦法，其中竟無先行檢核之規定，致使劣紳奔競，造成賄選之弊，此次縣長下鄉，凡訊明確有賄選或選出人員不當之鄉鎮，即行改選，其改選辦法，係由在場之二三百人，提出候選人五至十名，經眾附議，並聲明並未因贓私受罰有案者，即作為合格候選人，再由鄉鎮民代表當場投票選舉，以示大公，故選舉結果，均稱圓滿，此項辦法，似可採擇普遍施行，以補法令之不足。

查各級民意機關設立以來，收效頗宏。惟因地方士紳，品

133

類不一，致利弊不一致，如遇劣紳從中把持操縱，則賄選之事，即所難免。又查民意機關之組織及職權，各有條例規定，其大要不外議決地方預算決算及施政計劃，暨建議地方興革事項。乃查近來各級民意機關，不乏直接干與行政及訴訟等，而縣政府領款亦須由縣參議會參加（例如最近省令領取美金儲券），頗覺權能不分，行政效率，不免受其影響。故今後對於鄉鎮長之選舉，仍宜事前檢核，稍示限制。而民意機關行使職權，亦不宜超出規定範圍，事事掣肘也。

伍、建設

（一）籌建閘堤，以興水利。查縣屬南盤江茶家堤，歷來

134

由人民每年建築土堤，引水灌田，受益區域在一萬餘畝之多。惟土堤每年建築一次，工程浩大，又不能自動啓閉，為害頗多，在前曾經南盤江水利工程當計劃，建築新式閘堤，以便利用。因該當中途結束，未果施行。茲據紳民紛紛要求，經召集縣政会議議決，組設蕎家堤工程委員会，其建築費約需七千萬元以上，由受益田畝籌款興建。定於本年冬季興工，現正清查田畝，分別登記，以作負担費用之根據云。

（二）籌設電燈，以利照明。　本縣楮前縣長曾籌款購辦木炭爐發電機一架，架設電燈，惟因電力有限，燈數不敷分配，且木炭爐易生阻礙，時明時滅，殊多不便，經復向駐

135 又

縣管房借獲較大之柴油發電機一架，開會議決，由縣銀行就美金儲蓄券款內，撥資七百萬元開辦，以利照明，一俟美券領獲後，即行着手裝設云。

（三）修理村道，以利行人。查本縣鄉村道路，多年失修，亟應加以修理。經擬具修築鄉村道路辦法，通令各鄉鎮乘此冬晴，利用義務勞動民工，從事修築。並就督導田糧及積谷之便，派遣各科科長，分赴各鄉督導辦理，以期觀成。

查各縣建設事業應興者甚多，徒以地方資本缺乏，不易推進。擬請

鈞廳建議

136

省府，俾人民企業公司成立後，移一部分資本，從事各縣建設，或直接由公司經營，或作為對縣貸款，以利周轉，則建設事業，較易推進也。

巳、結論

上述各項，均僅就縣長到任三十餘日以來，着手辦理之事項，簡单陳述。其計劃待辦之事，均不列入，以昭實在。復查縣政百孔千瘡，殊不易為，但欲其趨諸正軌，亦非不可能之事，謂宜從用人理才兩點着手，謹贅陳愚見如次：

(一)用人：查目前人才多集中在中央及省，縣地方則異常缺乏，似此頭重脚輕，則地方無從建設，而國家基礎，決難

137

穩固。考查人才不到縣之故，實緣待遇微薄，又無升騰機會，查古來吏治清明朝代，公卿大夫多由州郡掾吏升擢，人才上下交流，內外互調，在下位者，咸有升騰之機，人人思奮，故能達成郅治。今查縣級人員，絕無上進之機，省級人員，亦鮮貢舉之令，仕途壅塞，人人皆存苟且偷安之念，青年有為之人，若非別具熱忱，鮮有甘心服務於地方者。長此以往，殊非圖治之道，亟宜仿照古法，三年考滿，凡縣級人員有成績者，准由各縣貢之於省，省級人員有成績者，貢之於國，則才智之士有以自效，不致苟且一時，治道可望昌明矣。事關整個人事制度，似覺不易驟然達到，但本省目前民生較為安定，民意亦頗集中，先期施行，非不可能，只視決心何如耳。若不由根本用力，朝進用而夕退黜，則適足增五日京兆之念。欲其杜絕貪污隆清吏治，殊未可必也。

(二) 理財：查自抗戰以來，縣地方財政陷於絕境，攤派流行怨聲載道，已達於不可收拾之地步。中央有見於此，改行三級財政，意在充實地方，誠屬善政。但查撥交縣級之稅源，除牲屠稅而外，多屬收數有限，或完全不能舉辦之稅，縣級財政，實屬有名無實，難言充裕。復查縣級機構太多，事業太雜。例如財務機關，既有省委之財政科長，金庫主任，會計主任，又增設縣稽征處，各樣齊全。俗謂麻雀雖小，肝胆

139

俱全。理論上固無不合，無如縣之收入，大者每年二三萬萬元，小者數千萬元，以之贍養如許人員，生寡食衆，粥少僧多，致使地方收入，悉作為行政開支而不足，事業費用，完全無着。愚謂縣級機關，為一收稅食祿之机構，殊非過言。亟宜仿照省級機關，裁員減政，借以節省開支，從事建設，休養民力，安定社會。凡地方可以整理之財源，均認真整理，涓滴歸公，凡駢支機關與夫不急需之事務，概行減停。集中財力，就其有關民生者辦理。則財用可裕，民力可保，而建設不致空言，縣政可望上軌道耳。

曲靖縣縣長李士學

已編卡

卅五年十一月廿日